Patmos Bibel Neues Testament

Auflage 12 11 10 9 8 / 86 85 84 83
Die Originalausgabe erschien mit kirchlicher Druckerlaubnis
Druck: Offset-Team Zumbrink, Bad Salzuflen
ISBN 3-491-79026-3

Patmos Bibel

Neues Testament

Für die Jugend erzählt von A.-M. Cocagnac und Hans Hoffmann · Die Bilder malte Jacques Le Scanff

Patmos-Verlag Düsseldorf

Vor vielen tausend Jahren hat Gott sich ein Volk ausgesucht: die Israeliten. Ihnen hat er einige seiner Gedanken mitgeteilt, und er hat mit ihnen einen Bund geschlossen.

Damals schon hatte Gott seinem auserwählten Volk vorausgesagt, daß er noch deutlicher zu den Menschen reden werde. Wenn einer ausspricht, was er denkt und fühlt, dann sagt man: er offenbart sich. So hat Gott sich zuerst den Israeliten offenbart, aber er hat ihnen zugleich gesagt, daß diese Offenbarung noch nicht abgeschlossen sei.

Der Höhepunkt der Offenbarung ist Jesus Christus. Er ist Gottes Sohn, aber er erscheint in Menschengestalt unter den Menschen, um klarzumachen, daß Gott den Menschen immer nahe ist, und daß er sie liebt. Die Israeliten haben sehnsüchtig auf das Erscheinen des Gottessohnes gewartet, denn in ihrer langen Geschichte hatten sie erfahren, daß der Mensch ohne Gott nichts vermag und ohne Gottes Hilfe verloren wäre. Jesus Christus ist das lang erwartete Wort Gottes an die Menschen. Es dringt über die Grenzen Israels hinaus in alle Welt, und alle Menschen sollen es hören. In dem, was Christus tut und sagt, wird Gott uns deutlicher. Durch ihn sind wir erlöst und wieder Kinder Gottes geworden.

Wenn wir Jesus Christus das Wort Gottes nennen, dann bedeutet das nicht, daß seine Offenbarung sich nur auf Worte beschränkte. Wichtiger als alle seine Worte ist das Beispiel, das er den Menschen gibt. Er hilft den Notleidenden, und er gibt denen, die von anderen verlacht oder verachtet werden, neuen Mut. Er liebt sogar seine Feinde. Als er am Kreuz hängt und fürchterliche Schmerzen leidet, da bittet er Gott Vater, er möge seine Peiniger nicht bestrafen. Jesus Christus verlangt von den Menschen nichts, was er nicht selber auch zu tun bereit war. Durch sein Beispiel wissen wir, daß wir Gott am besten dienen, wenn wir unsere Mitmenschen lieben.

Die Offenbarung Gottes durch Jesus Christus ist in vielen Büchern aufgeschrieben. Man nennt sie auch das Neue Testament. Diese Bücher sind mehr als eine genaue Beschreibung des Lebens und Sterbens Jesu Christi. Worum es den Verfassern dieser Bücher geht, sagt uns einer von ihnen, der heilige Johannes: „Diese aber sind geschrieben, damit ihr glaubt, daß Jesus der Messias, der Sohn Gottes ist, und damit ihr durch den Glauben das Leben habt in seinem Namen." Die Verfasser wollen also vor allem ihren Glauben an Jesus Christus bezeugen, und sie wollen bei anderen denselben Glauben wecken.

Wenn ihr älter geworden seid, sollt ihr den vollständigen Text der Bücher des Neuen Testaments lesen. Wo ihr die ursprüngliche Fassung der in der Patmos-Bibel wiedergegebenen Stellen finden könnt, ist im Inhaltsverzeichnis genau angegeben. Wenn ihr aufmerksam in diesen Büchern lest, wird euer Wissen vom Wort Gottes immer reicher und tiefer werden. Dann kann es geschehen, daß sich dieses Wissen unmerklich in Liebe wandelt. Darauf kommt es an; denn der wichtigste Satz in den Büchern des Alten und des Neuen Testaments lautet: Du sollst Gott lieben und du sollst deinen Mitmenschen lieben, denn er ist Mensch wie du.

Wie Paulus nach Troas kam

Troas liegt in der Türkei, weit weg von Jerusalem. Aber die Botschaft Jesu Christi ist schon bis hierher gedrungen, und in Troas gibt es bereits eine kleine christliche Gemeinde. Wenn eine Frau ihren Mann verloren hat, dann helfen die Christen ihr und den Kindern in der größten Not. Viele verkaufen das meiste von dem, was sie haben, und geben das Geld den Armen. Sie tun ihre Arbeit, reden nicht über andere und sind zu jedermann freundlich. Das sehen die Leute in Troas, und sie sagen: „Seht, wie die Christen einander lieben."

Viele Juden in Jerusalem meinen: „Christus ist gekommen, um Israel wieder zu einem mächtigen Reich zu machen. Von den vielen Heiden will er nichts wissen." Manche, die nicht Juden sind, werden traurig, wenn sie solche Worte hören, und sie denken: „Gott ist doch für alle da." Die Männer, die als erste die frohe Botschaft Jesu Christi in die Welt hinaustragen, versichern den Nichtjuden, daß Christus auch für sie da ist. Einer dieser Männer ist Paulus. Die Christen in Troas freuen sich; denn Paulus ist zu ihnen unterwegs. Er will ihnen mehr von Jesus Christus erzählen.

Am Abend gehen die Christen von Troas in das Haus, in dem sie sich immer versammeln. Bald kommt Paulus. Den hat Gott dazu auserwählt, allen Menschen das Wort Gottes zu verkünden. Zuerst essen sie mit Paulus zusammen ihr Abendbrot und trinken ihren Wein. Sie tun dies zur Erinnerung an das Abendmahl, das Christus in der Nacht vor seinem Tod mit seinen Jüngern gehalten hat. Indem sie so im Namen Christi zusammen das Brot essen und den Wein trinken, kommen sie Christus näher und werden auch untereinander

bessere Freunde. Paulus ermahnt sie, so oft wie möglich zum gemeinsamen Abendmahl zusammenzukommen. Er erinnert sie an das Wort Christi: „Wo zwei oder drei in meinem Namen zusammen sind, da bin ich mitten unter ihnen."
Paulus will am nächsten Tag schon weiterreisen; deshalb spricht er zu der Gemeinde in Troas bis in die Nacht hinein. Am Fenster sitzt ein junger Mann mit Namen Eutychus. Da es schon spät ist, schläft er ein. Das Fenster ist offen. Im Schlaf fällt er hinaus und drei Stockwerke hinunter auf den Hof. Er ist tot. Auch Paulus läuft mit den anderen die Treppe hinunter zu dem Toten. Er beugt sich über ihn und sagt: „Weint nicht, denn er lebt." Schon steht Eutychus auf, und alle freuen sich. Wieder geht Paulus mit ihnen hinauf und spricht zu ihnen bis zum Morgen. Sie werden froh bei seinen Worten. Er sagt ihnen, daß der Sohn Gottes von den Toten auferstanden ist und alle, die das Wort Gottes hören und es befolgen, mit Jesus Christus das ewige Leben haben.

Paulus wird ein Bote Christi

Paulus war nicht von Anfang an ein Bote Jesu Christi. Als junger Mann gehörte er jener Gruppe von Juden an, die sich Pharisäer nannten. Die Pharisäer waren strenge Menschen. Sie erfüllten alles, was im Gesetz des Moses vorgeschrieben war, sehr genau. Sie hielten am Alten fest und sagten: „Wir brauchen nichts Neues." Sie dachten wie die meisten Menschen: „Alles soll bleiben, wie es ist."

So ist es nur natürlich, daß viele von ihnen mit Jesus Christus nicht einverstanden waren. Was er sagte und tat, war für sie zu neu, zu ungewohnt, und die heftigsten unter ihnen meinten: „Man muß Christus und seine Anhänger bekämpfen." Einer dieser heftigen Pharisäer war Paulus.

Einmal war er auf dem Weg nach Damaskus. Er wollte dort in allen Häusern nach Christen suchen und sie gefangennehmen. Plötzlich war über ihm ein helles Licht. Er stürzte vom Pferd und hörte eine Stimme, die sprach: „Paulus, Paulus, warum verfolgst du mich?" Er aber fragte: „Wer bist du, Herr?" Die Stimme antwortete: „Ich bin Jesus, den du verfolgst." Zitternd sagte Paulus: „Sage mir, was soll ich tun." Der Herr sprach zu ihm: „Steh auf und geh in die Stadt. Da wird man dir sagen, was du tun sollst."

Die Männer, die mit ihm geritten waren, standen sprachlos da. Sie hatten zwar die Stimme gehört, aber niemanden gesehen. Paulus stand auf. Da merkten seine Begleiter, daß er nicht mehr sehen konnte. So nahmen sie ihn an der Hand und führten ihn nach Damaskus. Drei Tage lang konnte er nicht sehen, und er aß und trank auch nicht.

In Damaskus wohnte ein Jünger Jesu, der hieß Ananias. Zu dem sprach der Herr: „Geh und frage im Haus des Judas nach einem Mann aus Tarsus, der Paulus heißt. Paulus ist dort und betet.“ Ananias aber bekam einen Schrecken und erwiderte: „Herr, weißt du denn nicht, wieviel Böses dieser Mann deiner Gemeinde in Jerusalem schon angetan hat? Er ist gekommen, um alle, die deinen Namen anrufen, gefangen nach Jerusalem zu führen. Zu dem soll ich gehen?“ Der Herr antwortete dem Ananias: „Tu, was ich dir gesagt habe. Ich habe den Paulus aus vielen ausgewählt, damit er den Heiden und den Juden die großen Taten Gottes verkündet.“ Da ging Ananias in das Haus des Judas, legte dem Paulus die Hände auf und sagte: „Bruder Paulus, der Herr, dem du vor der Stadt begegnet bist, schickt mich zu dir, damit du wieder sehen kannst und vom Heiligen Geist erfüllt wirst.“ In demselben Augenblick konnte Paulus wieder sehen. Er aß und trank und kam wieder zu Kräften, und man taufte ihn.
Sofort ging Paulus hinaus und predigte, daß Jesus der Sohn Gottes sei. Als die Leute ihn sahen, sprachen sie: „Ist das nicht der Mann, der die Christen allesamt töten wollte? Was ist denn mit ihm geschehen?“ Paulus machte sich nichts aus ihren Reden und fuhr fort zu predigen. Da beschlossen die Pharisäer, den Paulus zu töten. Doch der Herr beschützte ihn.

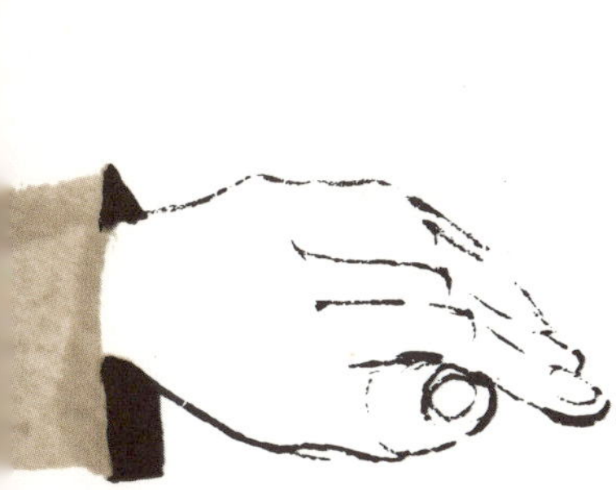

Christus ist das Licht der Welt

Rechts auf diesem Bild erkennen wir vier Männer. Das sind die Menschen in der Welt. Links steht Jesus Christus. Er blickt auf die Menschen.
Ganz rechts steht ein Mann wie in tiefem Schlaf. Es ist dunkel um ihn her. Wenn er nicht da stünde, würden wir vielleicht sogar sagen: „Er ist tot." Der Mann, der weiter links steht, wirkt dagegen schon lebendiger. Zwar sind seine Augen immer noch geschlossen, aber die rechte Hand ist schon ein wenig erhoben. Es ist, als habe ihn etwas aus dem Schlafe aufgestört. Die Augen des Mannes an seiner linken Seite sind schon weit geöffnet, und es ist heller um ihn herum. Erwartungsvoll blickt er nach links, dorthin, woher das Licht kommt. Der Mann, der rechts von Jesus steht, ist dem Licht ganz nahe. Er hebt die Hand, so als wolle er dieses Licht grüßen. Aber er scheint auch zu fragen: „Was soll ich tun?"
Das Licht ist Jesus Christus. Es weckt die Menschen auf. Dieses Licht ist nun nichts anderes als das Wort Gottes. Je weiter die Menschen von diesem Licht entfernt sind, desto dunkler ist es in ihrem Innern. Sie haben kein Ziel und keine Kraft. Sie wissen nicht, was sie tun sollen. Je näher sie dem Licht stehen, das Jesus Christus in die Welt gebracht hat, desto wacher wirken sie. So ist es kein Zufall, daß Paulus vor Damaskus über sich ein Licht sieht. Das Wort Gottes kommt im Licht zu ihm, und es sagt ihm, was er tun soll. Paulus erwacht wie aus einem tiefen Schlaf. Von nun an wird er auf das Wort Gottes hören. Jesus Christus will uns alle aus dem Schlaf aufwecken, und er will uns sagen, daß wir das Gute tun sollen.

Wir verstehen jetzt auch, warum die Propheten des Alten Bundes den Heiland, Jesus Christus, mit einem Licht vergleichen. Jesaja sagt: „Das Volk, das im Finstern wandelt, sieht ein großes Licht, und über die, welche da wohnen im finsteren Land, scheint es ganz hell." Und an einer anderen Stelle ruft er Jerusalem zu: „Mache dich auf, werde hell, denn dein Licht kommt, und die Herrlichkeit des Herrn strahlt auf über dir. Denn siehe, Finsternis bedeckt die Erde und Dunkel die Völker, über dir aber strahlt auf der Herr, und seine Herrlichkeit erscheint über dir. Und Völker strömen zu deinem Licht und Könige zu dem Glanz, der über dir aufstrahlt."

So wie die Pflanzen das Licht der Sonne brauchen, damit sie leben und wachsen können, so brauchen wir das Licht der Botschaft Jesu Christi, damit unsere Herzen nicht verkümmern. In seinem Licht wachsen uns neue Kräfte, und es ist nur natürlich, daß der Mann in unserem Bild, der ganz rechts im Dunkeln schläft, älter aussieht als der, welcher dem Licht Jesu Christi ganz nahe ist. Christus macht das Alte neu und jung, und klar wie das Licht ist auch seine Botschaft. Jedermann kann sie verstehen, auch die Kinder. Hell wie das Tageslicht ist seine Forderung: „Wenn ihr antwortet, sagt ja oder nein." Er will keine Ausreden, will kein Hin und Her. Er will die reine Wahrheit.

Viele wollen die Wahrheit nicht hören und auch nicht die Wahrheit sagen. Sie bleiben lieber im Dunkeln. Sie lieben die Dunkelheit, weil sie das Böse lieber haben als das Gute. Weil nun das Licht, das Jesus Christus heißt, in alle dunklen Winkel hineinleuchtet, sagen viele von denen, die lieber im Dunkeln bleiben: „Fort mit diesem Licht!" Und so kommt es, daß sich nicht alle freuten, als Christus kam, um der Welt das Licht zu bringen.

Ein Kind mit Namen Johannes wird geboren

Vor allem vier Männer haben aufgeschrieben, was Jesus gesagt und getan hat: Matthäus, Markus, Lukas und Johannes. Man nennt sie Evangelisten. Die vier Berichte vom Leben Jesu heißen Evangelien. Evangelium bedeutet: frohe Botschaft.

Wir nennen von den vier Evangelisten hier Lukas zuerst, weil er als einziger am Anfang seines Berichts Begebenheiten schildert, die sich vor der Geburt des Heilands zugetragen haben. Lukas stellt die Geschichte des Johannes mit dem Beinamen „der Täufer" an den Anfang, weil dieser als Vorläufer und Vorbote des Heilands sehr bedeutsam ist.

In den Tagen des Herodes, der König von Judäa war, lebte in der Nähe von Jerusalem ein Priester namens Zacharias. Seine Frau hieß Elisabeth. Sie taten viel Gutes, und alle Nachbarn und Verwandten hatten sie gern. Doch eines quälte sie: Sie hatten keine Kinder, und sie hatten sich damit abgefunden, daß sie keine mehr bekommen würden, denn sie waren beide schon ziemlich alt.

Eines Tages nun war Zacharias wieder an der Reihe, Gott im Tempel ein Rauchopfer darzubringen. Vor dem Tempel standen viele Leute und beteten, während Zacharias zum Opfern in das Innere des Tempels ging. Plötzlich erblickte er zu seiner Rechten einen Boten Gottes, der sprach: „Fürchte dich nicht, Zacharias, Gott hat dein Gebet erhört. Deine Frau Elisabeth wird einen Sohn bekommen, den sollt ihr Johannes nennen. Mit euch wird sich mancher über die Geburt des Jungen freuen, denn er wird groß sein vor dem Herrn. Viele Israeliten wird er auf den rechten Weg zurückbringen."

Zacharias sagte zu dem Boten: „Wir sind doch beide schon zu alt. Wie können wir da noch einen Sohn bekommen?" Da erwiderte ihm der Bote: „Ich bin Gabriel, der vor Gott steht. Weil du mir aber nicht glauben willst, sollst du nicht reden können bis zu dem Tag, an dem das Kind geboren wird."

Elisabeth schenkte einem Jungen das Leben. Die Verwandten wollten ihn Zacharias nennen, doch Elisabeth sagte: „Er soll Johannes heißen." Die Verwandten schüttelten den Kopf und sprachen: „Niemand in deiner ganzen Verwandtschaft heißt Johannes." Da fragten sie den alten Zacharias: „Wie soll der Junge heißen?" Zacharias bat um ein Schreibtäfelchen und schrieb darauf: „Johannes." In demselben Augenblick konnte er wieder sprechen. Er nahm den kleinen Johannes in seine Arme und rief: „Dich werden sie einen Propheten des Allerhöchsten nennen, denn du wirst vor dem Herrn hergehen und ihm die Wege bereiten, und das ganze Volk wird das Heil sehen, das uns der Herr in seiner großen Liebe herabgeschickt hat."

Alle, die das hörten, staunten und sprachen zueinander: „Was wird wohl aus diesem Kinde werden? Die Hand des Herrn ist mit ihm."

Zwei Frauen sind überglücklich

In Nazareth, einer kleinen Stadt in Galiläa, wohnte damals ein Mädchen, das Maria hieß. Es war verlobt mit einem Mann aus dem Stamm Davids. Der verdiente sein Brot als Zimmermann. Sein Name war Joseph.
Eines Tages nun, als Maria allein zu Hause war, kam plötzlich ein Bote Gottes zur Tür herein und sagte: „Ich grüße dich, Maria. Der Herr ist mit dir." Maria aber bekam einen Schrecken und dachte: „Was soll dieser Gruß bedeuten?" Der Bote Gottes, es war Gabriel, bemerkte ihre Angst und sprach: „Fürchte dich nicht, Maria. Gott hat dich aus allen Frauen ausgesucht, denn höre, du wirst einen Sohn bekommen, und du sollst ihn Jesus nennen. Dieser wird ein großer König sein und Sohn Gottes genannt werden. Er ist der Heiland, den alle Propheten verheißen haben, und seine Herrschaft hat kein Ende." Maria aber fragte den Gabriel: „Wie kann ich denn Mutter werden? Ich bin noch nicht verheiratet." Der Bote Gottes antwortete ihr: „Der Heilige Geist wird über dich

kommen und die Kraft des Allerhöchsten in dir sein. Weißt du denn nicht, daß Gott alles kann? Schau, deine Verwandte Elisabeth ist schon alt, und alle sagen: Die kann kein Kind mehr bekommen. Und dennoch wird sie in drei Monaten einen Jungen bekommen, weil Gott es will." Da sagte Maria: „Allein der Wille Gottes soll geschehen. Ich bin bereit." Hierauf ging der Bote Gottes hinaus.

Maria war ganz aufgeregt und dachte: Das muß ich Elisabeth erzählen. Und sie machte sich eilends auf den Weg ins Gebirge und war schon bald in dem Ort, wo Elisabeth und Zacharias wohnten.

Maria umarmte Elisabeth und grüßte sie. Elisabeth wurde vom Heiligen Geist erfüllt und rief mit lauter Stimme: „Gott hat dich aus allen Frauen ausgesucht, seinen eigenen Sohn zur Welt zu bringen. Womit habe ich das verdient, daß die Mutter meines Herrn in mein Haus kommt? Höre, Maria, als du mich grüßtest, da hüpfte das Kind in meinem Leib vor Freude hoch. Es ist gut, dem Herrn zu trauen, denn alles, was er sagt, geht in Erfüllung."

Als Maria das hörte, da sprach sie voller Freude: „Singen will ich dem Herrn und Dank sagen dem Allerhöchsten, denn er hat auf mich herabgeschaut, obwohl ich nur ein armes Mädchen bin. Von jetzt an werden mich alle glücklich preisen, denn Großes hat an mir getan der Allmächtige, und heilig ist sein Name. Er erbarmt sich über die, welche ihn fürchten, die aber hochmütig sind in ihrem Herzen, zerstreut er mit starkem Arm. Mächtige Könige hat er vom Thron gestürzt, und Niedrige hat er erhöht. Hungernden gibt er zu essen, und Reiche läßt er leer ausgehen. In seiner großen Barmherzigkeit hat er Israel, seinem auserwählten Volk, noch stets in aller Not geholfen, wie er es unseren Vätern versprochen hat, Abraham und seinen Nachkommen auf ewig." Maria blieb noch etwa drei Monate bei Elisabeth, dann kehrte sie nach Hause zurück.

Joseph, der Verlobte der Maria, sah, daß sie ein Kind bekommen würde. Er fürchtete das Gerede der Leute. Die würden nämlich sagen: „Sie sind noch nicht verheiratet, und doch bekommt Maria schon ein Kind." Aber Gott half dem Joseph zu verstehen, daß dieses Kind nicht eins wie jedes andere war. Sicherlich kannte Joseph auch die Worte des Propheten: „Ein Mädchen wird einen Sohn gebären, den wird sie Immanuel nennen, das heißt: Gott ist mit uns." Und so war Joseph am Ende bereit, jenem geheimnisvollen Kind, das bald geboren werden sollte, ein guter Vater zu sein.

In einer Futterkrippe liegt der Herr der Welt

In jenen Tagen befahl der römische Kaiser Augustus, alle Bewohner seines Reiches zu zählen und ihre Namen aufzuschreiben. Die Namenslisten sollten den Steuereinnehmern des Kaisers die Arbeit erleichtern. Jeder mußte in die Stadt gehen, aus der seine Familie stammte, um sich dort eintragen zu lassen. Für viele war das ein mühevoller Weg; außerdem waren die Städte in jenen Tagen übervoll, und es war sehr schwer, ein Nachtlager zu finden.
So zog auch Joseph von Nazareth hinauf nach Bethlehem, um sich dort mit Maria eintragen zu lassen. Als sie nun in Bethlehem waren, da spürte Maria, daß sie bald ihr Kind bekommen würde, und Joseph suchte überall nach einer Unterkunft. Doch alle Häuser und Herbergen waren voll von Menschen, und so mußten sie sich schließlich mit einem Stall zufriedengeben. Hier wurde das Kind geboren. Maria wickelte es in Windeln und legte es in eine Krippe, aus der fraßen sonst die Tiere.
In derselben Gegend waren zu dieser Zeit gerade Hirten auf freiem Feld. Die bewachten ihre Herden. Als sie so um das Feuer saßen, da stand plötzlich ein Bote Gottes vor ihnen. Das Licht, das ihn umstrahlte, leuchtete weithin durch die Nacht, und sie fürchteten sich sehr. Der Bote aber sprach zu ihnen: „Ihr braucht keine Angst zu haben, denn ich bin gekommen, um euch eine große Freude zu verkünden.

Heute wurde in der Stadt Davids der Heiland geboren, er ist Christus, der Herr." Da dachten die Hirten: Wie werden wir ihn finden? Da sprach der Bote schon: „Das Kindlein liegt in einer Krippe, und es ist in Windeln eingewickelt." Ganz plötzlich war um den Boten herum eine Menge Engel, die lobten Gott und sprachen: „Ehre sei Gott in der Höhe und Friede allen Menschen, die erkennen, wie gut es Gott mit ihnen meint."

Als der Bote Gottes und die Engel entschwunden waren, da sprachen die Hirten zueinander: „Laßt uns sofort nach Bethlehem laufen und schauen, was dort geschehen ist." Und sie liefen, so rasch sie konnten, in die Stadt und fanden schließlich Maria und Joseph mit dem Kindlein, das in einer Krippe lag. Als sie es erblickten, erzählten sie, was der Bote Gottes ihnen verkündet hatte: daß dies der Heiland sei, Christus, der Herr. Und sie gingen hinaus auf die Straßen und berichteten den Leuten, was sie gehört und gesehen hatten. Alle, die es hörten, wunderten sich sehr. Maria aber behielt diese Worte in ihrem Herzen und dachte lange darüber nach. Die Hirten kehrten zu ihren Herden zurück und lobten Gott mit lauter Stimme und dankten ihm, daß sie die ersten sein durften an der Krippe.

Aber es dauerte noch eine Zeit, ehe sie ganz begriffen, was geschehen war. Das Kind, das da in einer armseligen Krippe war, hatten die Juden viele hundert Jahre lang herbeigesehnt. Jetzt war der Erlöser da, aber er kam nicht als ein mächtiger König. Er wollte es nicht besser haben als die Ärmsten.

Wie auch die Heiden erfuhren, daß Christus geboren war

Christus war nicht gekommen, um nur den Juden das Heil zu bringen. Bald erfuhren auch die Heidenvölker, daß der wahre König erschienen war.
Als Christus geboren war, da kamen drei weise Männer aus dem Osten nach Jerusalem und fragten: „Wo ist der neugeborene König der Juden? Ein Stern hat uns hierhergeführt, und wir sind gekommen, den neuen König anzubeten." Da bekam Herodes, den die Römer zum König von Jerusalem gemacht hatten, einen Schrecken, und er dachte: „Wenn ein neuer König kommt, dann muß ich gehen." Und er rief alle Weisen in Jerusalem zusammen und fragte: „Könnt ihr mir sagen, wo der Heiland geboren werden soll?" Sie schauten in den Büchern der Propheten nach und sagten: „In Bethlehem wird er geboren." Da überlegte Herodes, wie er das Kind umbringen könnte. Er sprach zu den drei weisen Männern: „Geht nach Bethlehem und sucht das Kind. Wenn ihr es dann gefunden habt, kommt schnell zurück und sagt mir, wo es ist. Denn auch ich will hingehen und es anbeten."
Die drei Männer machten sich auf den Weg. Da sahen sie über sich wieder den Stern, dem folgten sie. Endlich blieb der Stern über dem Haus stehen, in dem Jesus war. Sie freuten sich sehr, daß sie nun den König der Welt gefunden hatten. Sie gingen in das Haus, fanden das Kind mit seiner Mutter, fielen auf die Knie und erwiesen ihm große Ehren. Sie hatten auch Geschenke mitgebracht, wie man sie nur einem König macht: Myrrhe, Weihrauch und Gold.
Als sie des Nachts schliefen und sich ausruhten von der langen Reise, da hörten sie im Traum eine Stimme, die sprach: „Geht nicht mehr zu Herodes zurück! Der will Jesus töten." Also kehrten die drei Männer auf einem anderen Weg in ihr Land zurück und erzählten überall, daß das Heil der Welt in Bethlehem auf die Erde herabgekommen war.

Was Simeon über Jesus sagte

In dem Gesetz des Moses stand: „Alle Eltern sollen den ersten Sohn, der ihnen geboren wird, dem Herrn weihen." Also gingen auch Maria und Joseph hinauf nach Jerusalem, um den kleinen Jesus in den Tempel zu bringen und ihn dort dem Herrn zu weihen, das heißt: Maria und Joseph sagten Gott im Gebet, er möge mit dem Kind tun, was er wolle, es sei immer sein. Wenn sie gebetet hatten, dann opferten die Eltern ein Paar Turteltauben.
Als nun Maria und Joseph in den Tempel kamen, da sahen sie einen alten Mann mit Namen Simeon. Der wartete sehnsüchtig auf den Heiland, den die Propheten vorausgesagt hatten. Eine Stimme, die von Gott kam, hatte ihm an diesem Tag gesagt: „Geh heute in den Tempel."
Als er das Kind erblickte, nahm er es auf seinen Arm und rief mit lauter Stimme: „Nun kann ich ruhig sterben, Herr, denn meine Augen haben dein Heil gesehen, das du für alle Menschen herabgeschickt hast, ein Licht, das den Heiden die Augen öffnet und den Namen Israels groß macht für alle Zeiten."
Maria und Joseph wunderten sich über diese Worte. Simeon sprach zu Maria: „Viele in Israel werden gerettet werden durch dieses Kind, aber es wird auch Menschen geben, die nicht auf sein Wort hören wollen und deshalb zugrunde gehen. Sie werden aufstehen gegen Christus und rufen: ‚Wir wollen ihn nicht!' Deshalb wirst du, Maria, viel leiden müssen. Aber diese Leiden müssen sein, damit die Menschen sich darüber klarwerden, ob sie für oder gegen Gott sein wollen."

Wie Jesus einmal in Jerusalem zurückblieb

Jedes Jahr gingen die Eltern Jesu hinauf nach Jerusalem, um dort das Osterfest zu feiern. Als Jesus größer wurde, nahmen sie ihn mit.
In dem Jahr nun, in dem Jesus zwölf Jahre alt geworden war, hatten sie wiederum Ostern in Jerusalem gefeiert und waren jetzt mit ihren Verwandten und Freunden auf dem Rückweg nach Nazareth, wo sie wohnten. Dabei wollten die Kinder unter sich sein, und so gingen Maria und Joseph bis zum Abend ruhig ihres Weges; denn sie waren sicher, daß Jesus bei den anderen Kindern war. Als er jedoch bei Anbruch der Dunkelheit nicht zu ihnen kam, da wurden sie unruhig und fragten alle, die mit ihnen nach Hause zogen, ob sie den kleinen Jesus nicht gesehen hätten. Niemand wußte, wo er war, und so kehrten Maria und Joseph in großer Sorge nach Jerusalem zurück.
Drei Tage lang suchten sie Jesus in der großen Stadt. Endlich fanden sie ihn im Tempel. Er saß mitten unter den Lehrern. Er hörte aufmerksam zu, wenn sie sprachen, und er stellte ihnen Fragen. Die Lehrer wunderten sich sehr und sagten: „Ein so kluges Kind haben wir noch nicht gesehen."
Maria und Joseph, die an der Tür stehengeblieben waren, traten näher, und Maria sagte zu ihrem Kind: „Warum hast du uns das angetan? Dein Vater und ich haben dich drei Tage lang gesucht und solche Angst um dich gehabt."
Jesus antwortete ihr: „Warum habt ihr nach mir gesucht? Gott, mein Vater, wollte, daß ich in seinem Hause blieb, und den Willen meines Vaters muß ich tun." Maria und Joseph verstanden nicht, was er damit sagen wollte. Hierauf ging Jesus mit ihnen zurück nach Nazareth. Dort wuchs er zu einem jungen Mann heran, in dem die Gedanken Gottes waren, und alle hatten ihn gern.
Sein Vetter Johannes ging schon früh in die Wüste und sammelte dort die Kräfte für seine große Aufgabe: die Menschen auf das Kommen Christi vorzubereiten.

Warum so viele Leute an den Jordan kamen

Johannes lebte ganz allein in der Wüste. Er trug ein rauhes Gewand, das war aus Kamelhaaren gewebt, und er aß nur das Notwendigste. Der Heiland, auf dessen Ankunft er die Menschen vorbereiten sollte, war kein mächtiger König in glänzenden Gewändern, sondern ein Freund der einfachen Menschen. Also wollte auch Johannes einfach leben. Schon der Prophet Jesaja hatte über ihn gesagt: „Siehe, ich sende meinen Boten vor dem Heiland her. Er ist die Stimme, welche in der Wüste ruft: Bereitet den Weg des Herrn. Machet gerade seine Pfade!"

Als die Zeit herangekommen war, die Gott für ihn bestimmt hatte, da kam Johannes aus der Wüste in die Gegend am Jordan und predigte. Viele Leute versammelten sich, um ihn zu hören. Johannes rief: „Bekehrt euch und tut Gutes, denn das Gottesreich ist nahe." Viele bekannten ihre Sünden, und Johannes taufte sie mit Wasser. Wer sich taufen ließ, der zeigte damit, daß er fortan Gutes tun wollte. Johannes sprach zu den Täuflingen: „Ich taufe euch mit Wasser, damit ihr euch zum Guten bekehrt. Der aber nach mir kommt, ist stärker als ich. Ich bin nicht würdig, ihm die Schuhriemen aufzulösen. Der wird euch taufen mit dem Heiligen Geist und mit Feuer." Die Leute sagten zu Johannes: „Du willst, daß wir dem Herrn die Wege bereiten. Was können wir da tun?" Johannes erwiderte: „Wer zwei Röcke hat, der gebe dem einen mit, welcher keinen hat. Und wenn einer hungrig ist, sollt ihr ihm zu essen geben."

Den Zöllnern sagte Johannes, sie sollten den Leuten nicht mehr Geld abnehmen, als recht sei, und die Soldaten forderte er auf, niemals gewalttätig zu sein. So sagte Johannes einem jeden, wie er auf den rechten Weg zurückfinden könne. Da sprachen die Leute zueinander: „Ob er nicht doch selber schon der Heiland ist?" Johannes erriet ihre Gedanken und sagte ihnen deutlich, daß er selber nicht der Heiland sei. Er wartete geduldig auf die Ankunft des Gottessohnes und wollte nichts anderes als sein Diener sein.
Da kam Jesus aus Galiläa an den Jordan und sagte zu Johannes: „Taufe mich." Johannes aber hielt ihn zurück und sprach: „Ich habe nötig, von dir getauft zu werden, und du kommst zu mir und willst, daß ich dich taufe?" Jesus antwortete ihm: „Taufe mich, denn es ist recht so." Und Johannes taufte ihn.
Als Jesus aus dem Fluß stieg, sprach vom Himmel herab eine Stimme: „Dieser ist mein geliebter Sohn; er ist meine ganze Freude."

Jesus sucht sich seine ersten Jünger aus

Jünger sind Männer, die frommen Lehrern und Propheten auf allen ihren Wegen folgen. Sie wollen in allem dem Beispiel ihres Meisters nacheifern. Auch Johannes hatte Jünger.

Eines Tages stand Johannes wieder da, und zwei von seinen Jüngern waren bei ihm. Da ging Jesus vorüber, und Johannes sagte: „Seht das Lamm Gottes!" Als die beiden Jünger das hörten, gingen sie Jesus nach und folgten ihm. Jesus merkte, daß sie hinter ihm herkamen, drehte sich um und fragte sie: „Was sucht ihr?" Sie sagten zu ihm: „Meister, sage uns, wo du wohnst." Er antwortete: „Kommt nur mit, dann werdet ihr es sehen." Die beiden gingen mit ihm, sahen, wo er wohnte, und blieben den ganzen Tag bei ihm.

Einer von den beiden Jüngern, die Jesus gefolgt waren, hieß Andreas. Er war der Bruder des Simon. Den traf Andreas, und er sprach zu ihm: „Wir haben den Heiland gefunden, und er heißt Jesus." Und er führte seinen Bruder zu Jesus. Der sprach: „Du bist Simon, der Sohn des Johannes. Ab heute sollst du Petrus heißen, das ist: der Fels." Am anderen Tag wollte Jesus nach Galiläa gehen. Auf dem Weg dahin traf er den Philippus, und er sagte zu ihm: „Folge mir nach!" Philippus war aus Bethsaida, aus derselben Stadt, aus der auch Andreas und Petrus kamen. Philippus traf den Nathanael und sagte: „Wir haben den gefunden, von dem Moses im Gesetz geschrieben hat: Jesus, den Sohn Josephs von Nazareth." Da erwiderte ihm Nathanael: „Kann denn aus Nazareth etwas Gutes kommen?" Philippus sagte nur: „Komm und sieh."

Als Jesus den Nathanael näherkommen sah, sprach er: „Seht, ein wahrhaftiger Jude. Der kennt keine Falschheit." Nathanael wunderte sich, daß Jesus ihn längst schon kannte, und er fragte: „Woher kennst du mich?" Jesus antwortete: „Ich habe dich gesehen, als du mit Philippus vorhin unter dem Feigenbaum standest." Da sagte Nathanael: „Meister, du bist der Sohn Gottes, du bist der König von Israel." Jesus antwortete ihm: „Weil ich gesagt habe, daß ich dich unter dem Feigenbaum gesehen habe, glaubst du. Aber warte, du wirst noch weit Wunderbareres sehen."

Jesus kennt seine zukünftigen Jünger schon, bevor er noch ein einziges Wort mit ihnen gesprochen hat. Was er über Nathanael sagt, zeigt deutlich, wie er seine Jünger haben will: offen, ohne jede Falschheit. Als Nathanael hört, daß Jesus aus Nazareth kommt, sagt er offen seine Meinung. Er glaubt, daß aus Nazareth nichts Gutes kommen kann. Jesus ist darüber nicht böse. Ihm gefällt, daß Nathanael genau das sagt, was er denkt. Nathanael ist ehrlich, und Jesus will ehrliche Menschen um sich haben. Und Nathanael kann staunen und sich freuen. Er ist glücklich, daß er dem Sohn Gottes als Jünger folgen darf.

Die Männer, die Christus auffordert, ihm zu folgen, sind offen und ehrlich. Sie wissen auch, was ihnen am nötigsten ist: die Gnade Gottes. Deshalb sind sie sofort bereit, dem Heiland zu folgen. Sie fragen nicht ängstlich: „Was bekommen wir dafür, daß wir mit dir kommen?" Ihr Herz sagt ihnen: „Dieser Jesus von Nazareth ist Gottes Sohn. Deshalb wollen wir seine Jünger sein."

Als sie keinen Wein mehr hatten

Einmal war eine Hochzeit in Kana, einem Dorf in Galiläa. Unter den Gästen war Maria, die Mutter Jesu, und auch Jesus und seine Jünger waren zu der Hochzeitsfeier eingeladen.
Nach einer Weile sagte Maria zu Jesus: „Sie haben keinen Wein mehr." Die Gäste hatten nämlich viel getrunken. Jesus erwiderte: „Warum sagst du mir das? Meine Stunde ist noch nicht gekommen." Maria ging zu den Dienern und sprach zu ihnen: „Tut alles, was er euch sagt." Nun standen dort sechs steinerne Krüge. Daraus nahmen die Juden das Wasser, wenn sie sich wuschen, wie es im Gesetz vorgeschrieben war. Die Krüge waren groß.
Da sprach Jesus zu den Dienern: „Füllt diese sechs Krüge bis an den Rand mit Wasser." Sie taten es. Jesus sagte: „Nehmt davon und bringt es dem Koch. Der soll einmal probieren." Der Koch trank ein wenig und sagte dann zu dem Bräutigam: „Jedermann setzt zuerst den guten Wein vor, und wenn die Gäste dann schon viel getrunken haben, setzt man ihnen den schlechteren Wein vor.

Du aber hast den guten Wein bis jetzt aufgehoben." Da staunten alle, denn das Wasser war zu Wein geworden. Das war das erste Zeichen, das Jesus den Leuten gab, und seine Jünger glaubten an ihn.
Jesus sagt zu seiner Mutter: „Meine Stunde ist noch nicht gekommen." Er meint damit den Zeitpunkt seines Sterbens und seiner Auferstehung. Bevor er sich für uns ans Kreuz schlagen läßt, will er allen die frohe Botschaft verkünden.
Als Jesus wieder einmal in einem der Gotteshäuser war, da reichte man ihm das Buch des Propheten Jesaja. Er las die Stelle, wo geschrieben steht: „Der Geist des Herrn ist in mir, und er hat mich gesalbt, damit ich den Armen die frohe Botschaft verkünde. Er hat mich gesandt, damit ich die Gefangenen befreie, den Blinden die Augen öffne und die Gefangenen in die Freiheit führe. Er hat mich geschickt, das Jahr zu verkünden, auf das alle sehnsüchtig gewartet haben." Da sahen sich die Leute fragend an. Jesus sah das und sprach zu ihnen: „Nun möchtet ihr gern wissen, warum ich euch das vorgelesen habe. Der, von dem Jesaja spricht, steht vor euch."

Jesus will kein Zauberer sein

Oft ging Jesus an einen einsamen Ort, um dort zu beten. Beten heißt: mit Gott sprechen. Und so sprach auch Jesus viel mit seinem Vater, der im Himmel ist. Im Gebet fragte er ihn, was sein Wille sei, und wenn er den Willen seines Vaters kannte, dann bat er ihn um die Kraft, die nötig war, um Gottes Willen auch zu tun.

Wieder einmal war Jesus früh am Morgen hinausgegangen, um ganz still für sich zu beten. Aber Simon und seine Gefährten gingen ihm nach, und als sie ihn endlich fanden, sagten sie zu ihm: „Alle suchen dich." Er antwortete ihnen: „Laßt uns in die umliegenden Ortschaften gehen, damit ich auch dort predigen kann. Ich will nicht immer nur an einem Ort bleiben." Damit wollte Jesus sagen, daß er für alle Menschen da war und einen jeden von ihnen ansprechen wollte, um ihm die frohe Botschaft zu verkündigen. Also zog Jesus durch ganz Galiläa und predigte. Es kamen auch Leute zu ihm, die plagte ein böser Geist. Jesus trieb die bösen Geister aus, und wer so von den Geistern befreit war, der konnte ungestört auf Jesu Worte hören.

Einmal kam ein Aussätziger zu ihm, der war über und über mit brennenden Geschwüren bedeckt. Er fiel vor Jesus nieder und rief: „Wenn du willst, kannst du meine Haut reinmachen." Jesus hatte Mitleid mit ihm, berührte ihn mit seiner Hand und sprach: „Ich will, daß du rein wirst." Im selben Augenblick war die Haut des Mannes wieder hell und rein.

Jesus sagte zu ihm: „Du weißt, daß du dich zuerst den Priestern zeigen mußt, damit sie sehen, daß du niemanden mehr anstecken kannst. Wenn du dann bei den Priestern gewesen bist, bringe Gott ein Dankopfer dar. Aber sage niemandem, wie du gesund geworden bist."
Jesus will nämlich nicht, daß die Leute hinter ihm herlaufen, wie man hinter einem Zauberer herläuft. Wenn er Wunder wirkt, dann will er von den Menschen vor allem den Glauben. Sie sollen sehen, daß hier Gott am Werk ist und den Menschen begegnen will. Jesus zwingt niemanden zu diesem Glauben. Ein jeder muß sich entscheiden, ob er in den Wundern Jesu die Hand Gottes erkennen will oder nicht.
Eines Tages sah Jesus am Ufer des Sees Genesareth zwei Boote liegen. Die Fischer wuschen gerade ihre Netze. Eines der Boote gehörte dem Simon. Zu dem sprach Jesus: „Fahrt hinaus in die Mitte des Sees und werft eure Netze aus." Da antwortete ihm Simon: „Meister, die ganze Nacht sind wir draußen gewesen und haben nichts gefangen. Aber weil du es willst, wollen wir es noch einmal versuchen."
Sie ruderten hinaus, und es dauerte nicht lange, da hatten sie so viele Fische gefangen, daß die Netze beinahe zerrissen. Sie winkten den Fischern in dem zweiten Boot, sie möchten kommen und ihnen helfen. Am Ende waren beide Boote so voll von Fischen, daß sie tief einsanken ins Wasser. Jesus sprach zu Simon: „Von nun an wirst du Menschen fangen."
Er meinte damit, daß Simon viele Menschen zum Glauben an Jesus Christus bringen sollte.

Jesus setzt sich mit Sündern an einen Tisch

Als bekannt wurde, daß Jesus in einem Haus war und predigte, da kamen Männer und brachten auf einer Tragbahre einen, der gelähmt war. Die Männer wollten den Gelähmten in das Haus tragen, in dem Jesus war, doch das war unmöglich, denn die Leute standen dicht gedrängt im Flur. Da hoben die Männer die Tragbahre auf das flache Dach und ließen sie durch eine Luke hinab, mitten vor Jesus hin. Jesus sah, wie groß ihr Glaube war, und er sagte zu dem Gelähmten: „Deine Sünden sind dir vergeben."
Da dachten einige Pharisäer: Er lästert Gott. Denn niemand kann Sünden vergeben als Gott allein. Jesus erkannte ihre Gedanken und fragte sie: „Was ist leichter? Zu sagen: Deine Sünden sind dir vergeben, oder zu sagen: Steh auf und geh? Nun sollt ihr aber sehen, daß der Menschensohn Macht hat, Sünden zu vergeben." Und er sagte zu dem Gelähmten: „Steh auf, nimm deine Tragbahre und geh nach Hause!" Der stand augenblicklich auf, nahm seine Tragbahre und ging nach Hause. Die Leute fürchteten sich und sprachen: „Was wir soeben gesehen haben, wer kann es begreifen?"
Als Jesus aus dem Ort ging, sah er vor dem Zollhaus einen Mann sitzen, welcher Matthäus hieß, und er sprach zu ihm: „Folge mir nach!" Da stand Matthäus auf und folgte ihm nach. Hierauf ging er mit seinen Jüngern in ein Haus, um zu essen, und mit ihnen setzten sich auch solche an den Tisch, die nicht immer das Rechte taten. Das sahen einige strenge Juden, und sie fragten die Jünger Jesu deshalb: „Warum ißt euer Meister ausgerechnet mit den Bösewichten?" Jesus hörte ihre Frage und sagte: „Die Gesunden brauchen keinen Arzt, die Kranken haben ihn nötig. Geht hin und lernt, was beim Propheten Hosea geschrieben steht: Barmherzigkeit will ich von euch und nicht Opfer. Denn ich bin nicht gekommen, um meine Zeit mit den Frommen zu verbringen, ich bin gekommen, um denen nachzugehen, die vom rechten Weg abgekommen sind, und ich will sie wieder zu Gotteskindern machen."
Einige zeigen mit den Fingern auf die Zöllner, die den Leuten zuviel Geld abnehmen, auf die Diebe und Ehebrecher und sagen: „Wir tun so etwas nicht." Sie bringen Brandopfer dar und fasten, wie es das Gesetz des Moses vorschreibt. Sie glauben, das sei genug. Im Grunde sind sie nicht besser als die Zöllner und Diebe. Was diese öffentlich tun, das tun sie selber in Gedanken, doch sie verbergen ihre schlechten Gedanken. Solche Menschen nennt man Heuchler. Jesus kümmert sich nicht um ihr Gerede. Er geht zu den Sündern und sagt ihnen, wie häßlich die Sünde ist. Wenn er dann die Sündenlast von ihnen genommen hat, dann können sie mit der Gnade Gottes wieder bessere Menschen werden.

Für diese ist das Gottesreich

Eines Tages rief Jesus zwölf seiner Jünger zu sich und sprach zu ihnen: „Gehet überall hin und verkündet das Wort Gottes." Die zwölf Jünger, die er hinausschickte, um Gottes Wort zu verkünden, nennt man auch Apostel. Apostel bedeutet: Gesandter, Bote. So sind die Apostel Boten, welche die frohe Botschaft Jesu Christi in alle Welt hinaustragen.
Die zwölf Apostel heißen: Simon Petrus, Andreas, Jakobus, Johannes, Philippus, Bartholomäus, Thomas, Matthäus, Jakobus, der Sohn des Alphäus, Thaddäus, Simon und Judas Iskariot. Jesus gibt ihnen auch die Kraft, Krankheiten zu heilen und den Menschen in vielen anderen Nöten zu helfen. Ihre wichtigste Aufgabe aber ist: allen Menschen zu sagen, daß Gott sich in Jesus Christus geoffenbart hat.

Jesus sagt ihnen, daß sie es schwer haben werden in der Welt, denn viele Menschen wollen Gottes Wort nicht hören. Aber der Geist Gottes wird mit den Aposteln sein und ihnen Stärke geben, wenn böse Menschen sie verfolgen.

Jesus setzte sich auf einem Berg nieder und sprach zu seinen Jüngern:

Selig die Armen, denn für sie ist das Gottesreich.

Selig die, welche traurig sind, denn sie werden getröstet werden.

Selig die, welche ein sanftes Gemüt haben, denn sie werden viel bekommen.

Selig, die Hunger und Durst haben nach der Gerechtigkeit, denn sie werden satt werden.

Selig, die Mitleid haben mit anderen, denn auch mit ihnen wird man Mitleid haben.

Selig die, welche keine Falschheit kennen, denn sie werden Gott schauen.

Selig die, welche den Frieden bewahren, denn sie werden Kinder Gottes genannt werden.

Selig, die Verfolgung leiden, weil sie gerecht gewesen sind, denn sie werden das Gottesreich besitzen.

Selig seid ihr, wenn sie euch verfolgen und allerlei Böses über euch erzählen, nur weil ihr euch zu mir bekennt. Freut euch und frohlocket, denn euer Lohn ist groß im Himmel.

Jesus lehrt uns, wie wir beten sollen

Jesus sagt zu seinen Jüngern: „Ihr habt gehört, daß zu den Alten gesagt worden ist: Du sollst nicht töten! Wer tötet, kommt vor das Gericht. Ich aber sage euch: Schon wer seinem Bruder nicht verzeihen will, wird gerichtet werden. Wenn ihr ins Gotteshaus geht, um darin zu beten und zu opfern, und ihr erinnert euch, daß euer Bruder etwas gegen euch hat, dann geht zuerst hin und vertragt euch mit eurem Bruder. Dann kommt wieder ins Gotteshaus und bringt Gott euer Opfer dar.
Wenn ihr miteinander Streit habt, dann wartet nicht lange, sondern setzt euch zusammen und sprecht miteinander, bis aller Streit begraben ist."
Gott will, daß wir zuallererst den Frieden suchen und uns mit den anderen vertragen.
Jesus fährt fort: „Wenn ihr Gutes tun wollt, dann tut es nicht vor allen Leuten. Wer sich nur hervortun will vor den anderen, der wird von Gott keinen Lohn empfangen. Wenn ihr einem, der in Not ist, etwas geben wollt, dann tut es unauffällig. Gott sieht es dennoch, und er wird es euch nicht vergessen.

Wenn ihr betet, dann tut es nicht so, daß alle Leute zu euch herüberschauen. Solche Beter mag Gott der Vater nicht. Wenn ihr beten wollt, dann geht in euer Haus, schließt die Tür zu und betet still zu eurem Vater, der hört euch auch im Verborgenen. Und wenn ihr dann betet, dann sollt ihr nicht viele Worte machen, denn nicht die werden erhört, die viele überflüssige Worte reden. Euer Vater weiß schon, was euch fehlt, noch ehe ihr ihn darum bittet."
Da fragten ihn die Jünger: „Wie sollen wir denn beten?" Und Jesus antwortete ihnen: „So sollt ihr beten:
Vater unser im Himmel.
Geheiligt werde dein Name.
Dein Reich komme.
Dein Wille geschehe
wie im Himmel so auf Erden.
Unser tägliches Brot gib uns heute.
Und vergib uns unsere Schuld,
wie auch wir vergeben unsern Schuldigern.
Und führe uns nicht in Versuchung,
sondern erlöse uns von dem Bösen."

Betrachtet die Vögel!

Jesus spricht: „Seid doch nicht so ängstlich und fragt nicht immer sorgenvoll: Ob wir morgen wohl genug zu essen haben? Ob wir immer etwas anzuziehen haben? Betrachtet die Vögel! Sie säen nicht, sie ernten nicht, sie fahren keinen Weizen in die Scheune, und euer himmlischer Vater ernährt sie doch. Ihr seid mehr wert als die Vögel. Also wird Gott euch auch nicht verhungern lassen.
Könnt ihr mit all eurer ängstlichen Vorsorge euer Leben auch nur um eine einzige Minute verlängern? Ihr könnt es nicht.
Und warum sorgt ihr euch um eure Kleidung? Betrachtet die Lilien auf dem Feld! Sie arbeiten nicht, sie spinnen nicht, sie nähen sich keine Kleider, und doch sage ich euch: Der prächtige König Salomon war nicht so schön gekleidet wie eine von ihnen.
Habt also keine Angst. Euer Vater im Himmel weiß, was ihr nötig habt. Sucht zuerst das Reich Gottes und tut, was recht ist. Dann gibt Gott euch alles, was ihr braucht."

Einmal kam Jesus in ein Dorf. Dort wohnte eine Frau mit Namen Martha, die sagte zu Jesus: „Wenn du müde und hungrig bist, kehre bei uns ein. Bei uns kannst du schlafen und essen."
Martha hatte eine Schwester, die hieß Maria. Diese setzte sich zu Jesus und hörte ihm zu, während er sprach. Martha machte inzwischen das Essen fertig. Da war viel zu tun, und so kam sie zu Jesus und sprach: „Herr, ist es recht, daß meine Schwester mich alle Arbeit allein tun läßt? Sag ihr, sie solle mir helfen." Jesus antwortete ihr: „Martha, du machst dir Sorge um vieles, aber nur eines ist notwendig. Maria hat das verstanden. Sie hört auf das Wort Gottes, und das kann ihr niemand nehmen."
Solchen, die immer über andere reden, ruft Jesus zu: „Sagt nicht immer, die anderen seien schlecht, denn mit dem Maß, mit dem ihr die anderen meßt, werdet auch ihr einmal gemessen werden. Ihr seht den winzigen Splitter im Auge der anderen, doch den Balken in eurem eigenen Auge seht ihr nicht. Wie könnt ihr da zu einem sagen: Laß mich den Splitter aus deinem Auge ziehen? Habt ihr den Balken in eurem eigenen Auge schon vergessen? Ihr Heuchler! Zieht zuerst den Balken aus eurem Auge, dann erst geht zu eurem Bruder und sagt zu ihm: Nun wollen wir den Splitter aus deinem Auge ziehen."
Ehe wir also auf die anderen zeigen und sagen: „Seht, wie schlimm sie es treiben!", sollen wir uns fragen: Sind wir selber besser? Wir sollen die anderen in Ruhe lassen und sie nicht immer nur verurteilen, so, als wären wir unfehlbare Richter, denn meistens sind wir nicht besser als die anderen.
Nun werdet ihr sagen: Sollen wir denn schweigen, wenn einer ein großes Unrecht tut? Nein, dann sollen wir nicht schweigen. Aber statt laut zu schimpfen, sollten wir zu dem Sünder gehen und ihm ganz ruhig sagen, daß er vom rechten Weg abgekommen ist, und ihm dann helfen, wieder ein guter Mensch zu werden. Denn das Herz eines Sünders ist fast nie so schlecht wie seine Taten. Wenn wir ihm sagen, daß sein Herz noch gut ist, wenn wir ihm verzeihen, dann kann das Gute in ihm wieder von neuem wachsen. Wir sollten andere nicht verurteilen, wir sollten ihnen helfen. Es ist nicht gut, den Richter zu spielen. Selbst Jesus tut das nicht.
Einmal brachten die Pharisäer eine Frau zu Jesus und sagten: „Wir haben sie beim Ehebruch ertappt. Im Gesetz des Moses steht, daß Ehebrecherinnen gesteinigt werden. Was sagst du dazu?" Jesus sprach zu ihnen: „Wer von euch ohne Sünde ist, der werfe als erster einen Stein auf sie." Da gingen sie schweigend fort, und Jesus sagte zu der Frau: „Wo sind sie denn alle geblieben? Hat dich keiner verurteilt?" Die Frau antwortete: „Keiner, Herr." Da sagte Jesus: „Auch ich verurteile dich nicht, geh hin und sündige von jetzt an nicht mehr."

Wer ist mein Nächster?

Immer wieder gab es unter den Leuten einige, die nicht so recht an die Botschaft Jesu Christi glaubten. Sie stellten Jesus viele schlaue Fragen und hofften, daß er einmal sagen müsse: „Darauf weiß ich keine Antwort."
So kam einmal ein Gesetzeslehrer und fragte: „Meister, was muß ich tun, damit ich das ewige Leben habe?" Jesus antwortete ihm: „Liebe Gott, und liebe auch den Nächsten, denn er ist Mensch wie du. Tu dies, und du wirst das Leben haben." Der Gesetzeslehrer fragte: „Wer ist denn mein Nächster?"
Jesus antwortete: „Ein Mann ging auf der Straße von Jerusalem nach Jericho dahin. Da kamen einige Räuber, nahmen ihm alles ab, schlugen ihn ins Gesicht und ließen ihn halbtot liegen. Dann liefen sie mit dem gestohlenen Geld davon. Da kam ein Priester dahergezogen. Der sah den Mann am Boden liegen, doch kümmerte er sich nicht um ihn und ging weiter. Nach einiger Zeit kam ein Levit, der Diener eines Priesters, vorbeigegangen. Er

sah den Verletzten am Wegrand liegen, doch er kümmerte sich nicht um ihn und zog weiter. Endlich kam ein Samariter des Wegs geritten. Der hatte Mitleid mit dem geschlagenen und ausgeraubten Mann. Er goß Öl und Wein in seine Wunden und verband sie. Dann hob er ihn auf sein Reittier, brachte ihn in ein Gasthaus und sorgte dafür, daß er ein gutes Bett bekam. Am anderen Morgen zog er zwei Goldstücke heraus und sagte zu dem Wirt: ‚Sorge für den Verletzten und tue alles für ihn, was nötig ist. Wenn dieses Geld nicht ausreicht, werde ich dir auf dem Rückweg alles bezahlen, was du darüber noch aufgewendet hast.'"

Hierauf fragte Jesus den Gesetzeslehrer: „Was meinst du: wer von diesen dreien hat recht gehandelt?" Der Gesetzeslehrer antwortete: „Der sich um den Verletzten gekümmert hat." Da sprach Jesus zu ihm: „Jetzt weißt du, wer dein Nächster ist. Geh hin und mache es immer so wie der Samariter."

Da ging der Gesetzeslehrer schweigend fort. Er wagte es nicht mehr, Jesus eine Frage zu stellen. Ihm war auch bestimmt nicht recht, daß der gute Mensch im Gleichnis ein Samariter war. Die Juden verachteten die Samariter. Doch der Samariter im Gleichnis fragt nicht: „Ist das ein Jude, der da am Boden liegt?" Er weiß nur, daß der Mann Schmerzen leidet, und er hilft ihm. Jeder, der Hilfe braucht, ist sein Nächster.

So werden wir noch einmal geboren

Unter den Pharisäern war ein Ratsherr namens Nikodemus. Der kam bei Nacht, da niemand ihn sehen konnte, zu Jesus und sprach zu ihm: „Meister, wir wissen, daß du von Gott gekommen bist, denn du könntest all die wunderbaren Zeichen nicht tun, wenn Gott nicht mit dir wäre." Jesus antwortete ihm: „Wenn einer nicht geboren wird von oben her, kann er das Reich Gottes nicht schauen." Da sagte Nikodemus verwundert: „Wie kann denn ein Mensch, der alt ist, geboren werden? Er ist doch schon geboren." Da sagte Jesus zu ihm: „Wenn einer nicht geboren wird aus Wasser und Geist, der wird nicht in das Reich Gottes kommen. Was aus dem Fleisch geboren ist, das ist Fleisch, was aber aus dem Geist geboren ist, das ist Geist."

Wir erinnern uns, daß Johannes am Jordan die Leute taufte, nachdem sie ihre Sünden bereut hatten. Die Taufe im Jordan war ein Zeichen der Buße, ein Zeichen dafür, daß die so Getauften sich bessern wollten. Die Taufe, die Jesus hier meint, ist mehr: Diese Taufe macht uns zu Kindern Gottes, der Heilige Geist kommt auf uns herab, und Gott schenkt uns die Gnade, die wir brauchen, um seinen Willen zu tun.

Diese Gedanken sind für Nikodemus neu. So wie viele Juden hat er bisher geglaubt, das Reich Gottes sei ihnen sicher, einfach deshalb, weil sie zum auserwählten Volk gehörten. Jesus sagt ihm nun, daß dies nicht genügt. Jeder muß noch einmal geboren werden, diesmal im Geist. Sein Geist muß neu werden, das heißt: er muß sich entscheiden für den Menschensohn, der das Heil gebracht hat. Das Gottesreich ist kein Geschenk, das man bekommt, nur weil man als Jude geboren ist, nein, das Gottesreich muß man sich erobern, indem man ja sagt zu Jesus Christus.

Jesus unterhält sich mit einer Frau am Brunnen

Auf dem Weg nach Galiläa kam Jesus eines Tages in eine Stadt in Samaria, welche Sichar hieß. Er war müde vom Gehen, und so setzte er sich an einen Brunnen, der am Weg lag.

Es dauerte nicht lange, da kam eine Samariterin an den Brunnen, um Wasser zu holen. Jesus sprach zu ihr: „Gib mir zu trinken." Da antwortete die Frau: „Du bist ein Jude und bittest eine Samariterin um Wasser? Ihr Juden wollt doch mit uns Samaritern nichts zu tun haben." Jesus sagte: „Wenn du mich um Wasser gebeten hättest, so hätte ich dir lebendiges Wasser gegeben." Wenn Jesus der Frau lebendiges Wasser geben will, so denkt er dabei an die frohe Botschaft Gottes, die aus ihr einen neuen, besseren Menschen machen kann. Aber die Frau verstand das nicht und sagte: „Du hast kein Gefäß zum Wasserschöpfen, und der Brunnen ist tief. Woher willst du also lebendiges Wasser nehmen? Bist du vielleicht größer als unser Vater Jakob, der uns diesen Brunnen gegeben hat?" Jesus sprach zu ihr: „Jeder, der Wasser aus diesem Brunnen trinkt, wird gleich wieder durstig. Wer aber das Wasser trinkt, das ich ihm geben werde, der wird keinen Durst mehr spüren in alle Ewigkeit, und er wird das ewige Leben haben." Da sagte die Frau: „Dann gib mir dieses Wasser, damit ich nie mehr hierherkommen muß, um Wasser zu schöpfen."

Am Ende gab sich Jesus zu erkennen. Er sagte zu der Frau: „Ich bin Jesus Christus, den alle Propheten vorausgesagt haben."

Wenn einmal einer vom Weg abkommt

Um uns zu zeigen, daß Gott kein unbarmherziger Richter, sondern ein Freund der Menschen ist, erzählt Jesus zwei Geschichten. In der ersten Geschichte vergleicht er Gott mit einem guten Hirten. Der hat hundert Schafe. Eines Tages fehlt ein Schaf. Da läßt der gute Hirt die neunundneunzig Schafe in der Wüste und macht sich auf den Weg, um das eine Schaf zu suchen. Wenn er es nach vielen Stunden glücklich gefunden hat, dann legt er es voll Freude auf seine Schultern, trägt es nach Hause, ruft seine Freunde und Nachbarn zusammen und sagt zu ihnen: „Freut euch mit mir. Ich habe das verlorene Schaf wiedergefunden." Einige Fromme denken: „Warum erzählt er das?" Und Jesus spricht zu ihnen: „Genauso wird im Himmel mehr Freude sein über einen einzigen Sünder, der sich bekehrt, als über neunundneunzig Gerechte, die keine Hilfe brauchen."

In der zweiten Geschichte vergleicht Jesus Gott Vater mit einem Mann, der zwei Söhne hatte. Der jüngere sagte zu seinem Vater: „Gib mir meinen Anteil am Vermögen, ich will in die weite Welt hinausziehen."

Der Vater gab ihm das Geld, und der Sohn ging in ein fernes Land. Es dauerte nicht lange, da hatte er all sein Geld schon ausgegeben. Er trieb sich herum mit schlechten Freunden und war am Ende arm wie eine Kirchenmaus. Als er nun nichts mehr zu essen hatte, ging er hin und suchte eine Arbeit. Man schickte ihn auf das Feld, da mußte er die Schweine hüten, und er litt großen Hunger.

Da dachte er bei sich: Ich will wieder zu meinem Vater gehen und zu ihm sagen: Vater, ich bin nicht mehr wert, dein Sohn zu heißen, doch laß mich als dein Knecht arbeiten.

Also machte er sich auf den Weg. Sein Vater sah ihn schon von weitem kommen, lief ihm entgegen und fiel ihm weinend um den Hals. Der Sohn sprach: „Vater, ich bin ein schlechter Mensch." Der aber rief seine Knechte und befahl, seinem Sohn die besten Kleider anzuziehen und ein Kalb zu schlachten. „Wir wollen ein Freudenfest feiern."

Sein älterer Sohn war auf dem Feld. Der hörte den Gesang und sah, daß alle tanzten. Da fragte er einen Knecht: „Was hat das zu bedeuten?" Der Knecht erzählte ihm, daß sein Bruder wieder gesund nach Hause gekommen sei. Da wurde der ältere Bruder zornig und wollte nicht hineingehen. Sein Vater aber kam heraus und redete ihm zu, hereinzukommen. Der Sohn sagte zu seinem Vater: „Viele Jahre schon tue ich treu meine Arbeit, und noch nie hast du zu mir gesagt: Hier hast du ein Böckchen. Iß es mit deinen Freunden, und feiert ein Fest. Mein Bruder hat all sein Geld mit schlechten Menschen durchgebracht, jetzt kommt er heim, und du bewirtest ihn gleich mit einem fetten Kalb."

Da erwiderte ihm sein Vater: „Kind, du bist immer bei mir, und alles, was ich besitze, gehört dir. Aber jetzt müssen wir uns freuen, denn siehe, dein Bruder war tot in seinem Herzen und wurde wieder lebendig."

Jesus verstößt die Sünder nicht

Jesus begnügt sich nicht damit, Geschichten zu erzählen, in denen ein guter Hirt dem verlorenen Schaf nachgeht oder ein Vater dem ungeratenen Sohn verzeiht. Jesus erbarmt sich der Sünder und verstößt sie nicht.
Einmal bat ihn ein frommer Jude namens Simon: „Komm in mein Haus und iß mit mir." Jesus aß mit ihm. Als sie nun bei Tisch saßen, da kam eine Frau herein, der man viel Schlechtes nachsagte. Sie hatte erfahren, daß Jesus in das Haus des Pharisäers gegangen war, und eilte mit einem Gefäß voll Salböl herbei. Weinend trat sie von hinten an Jesus heran und kniete nieder. Ihre Tränen fielen auf die Füße Jesu, doch sie trocknete sie gleich mit ihren langen Haaren ab und salbte sie dann mit dem Öl, das sie mitgebracht hatte. Als der Mann, der Jesus zum Essen eingeladen hatte, das sah, dachte er bei sich: Wenn Jesus ein Prophet wäre, dann müßte er doch wissen, daß diese Frau nichts taugt. Jesus wußte, was er dachte, und sprach zu ihm: „Simon, ich habe dir etwas zu sagen. Siehst du diese Frau? Du hast mir kein Wasser gegeben, du hast mich nicht mit Öl gesalbt. Sie aber hat mir all das gegeben. Sie hat viel geliebt, darum wird ihr auch viel vergeben werden." Zu der Frau sagte er: „Deine Sünden sind dir vergeben. Geh hin in Frieden."

Ein kleiner Mann sitzt hoch im Baum

Als Jesus durch Jericho gegangen kam, da lief auch ein Mann herbei, der sehr klein war. Er war ein reicher Zöllner, hieß Zachäus und war gekommen, um Jesus zu sehen. Die Leute drängten sich am Straßenrand, als Jesus vorbeikam, und so stand der kleine Zachäus hinter einer Wand von Menschen und konnte nichts sehen. Da dachte er bei sich: „Lauf doch voraus und klettere auf einen Feigenbaum. Von da aus kannst du Jesus sicher sehen." Bald schon saß er in dem Baum. Als nun Jesus an die Stelle kam, wo der Baum stand, blieb er plötzlich stehen, blickte hinauf und sagte: „Zachäus, steige schnell herab, denn heute muß ich in deinem Haus bleiben." Voller Freude kletterte Zachäus von dem Baum herunter, lief nach Hause und rief seiner Frau und seinen Mägden zu: „Kocht ein gutes Essen, denn heute haben wir Besuch."
Alle, die am Wegrand standen, murrten und sprachen zueinander: „Wieder ist Jesus in das Haus eines Sünders gegangen, um dort zu essen und zu schlafen." Zachäus wußte, was die Leute sagten, deshalb sprach er zu Jesus: „Herr, die Hälfte von allem, was ich besitze, gebe ich den Armen, und wenn ich einmal einem zuviel Geld abgenommen habe, so gebe ich ihm viermal soviel zurück." Jesus sagte zu denen, die mit ihm hereingekommen waren: „Heute ist das Heil in dieses Haus gekommen, denn Zachäus ist doch auch ein Sohn Abrahams, und der Menschensohn ist gekommen, die Verlorenen zu suchen und zu retten, wenn er sie gefunden hat."
Wäre Jesus einfach an dem Baum vorbeigegangen, auf dem Zachäus saß, so hätte dieser den Leuten weiterhin zuviel Geld abgenommen. Als aber Jesus in sein Haus kommt, da beschließt er auf der Stelle, niemanden mehr zu betrügen und ein guter Mensch zu werden. Jesus wartet nicht, bis die Sünder zu ihm kommen, nein, er geht zu ihnen und macht ihre Seele wieder gesund.

Jesus heilt eine kranke Frau

Einmal stand unter den Leuten, die ihn sehen wollten, eine Frau, die litt schon zwölf Jahre am Blutfluß. Sie war bereits von einem Arzt zum anderen gegangen, hatte viel Geld dafür bezahlt, und dennoch konnte ihr niemand helfen. Nun hatte sie gehört, daß Jesus in der Nähe war, also dachte sie: „Wenn einer mir helfen kann, dann ist es Jesus." Sie wagte es aber nicht, ihn anzusprechen, oder aber sie glaubte, daß man bei Jesus nicht viel Worte zu machen brauchte. Deshalb mischte sie sich einfach unter die Leute, trat von hinten an Jesus heran und berührte sein Gewand. Sie sagte sich vielleicht: „Ich brauche nur sein Gewand zu berühren, dann bin ich schon gesund." Sie faßte sein Gewand an, und in demselben Augenblick war sie auch schon gesund.
Jesus spürte ihre Hand an seinem Kleid, drehte sich um und fragte: „Wer hat mich da angerührt?" Da sprachen seine Jünger zu ihm: „Du siehst doch, wie sich die Leute um dich drängen. Da hat dich sicher einer, ohne es zu wollen, angestoßen." Jesus schüttelte den Kopf und sah sich um nach dem, der sein Gewand angefaßt hatte. Da kam die Frau, die soeben gesund geworden war, näher. Sie zitterte am ganzen Leib, fiel vor Jesus auf die Knie und sagte, was geschehen war. Er aber sprach zu ihr: „Steh auf und geh in Frieden. Dein Glaube hat dir geholfen."
Da wunderten sich die Leute und sagten: „Jesus heilt alle Krankheiten." Nur wenige begriffen, daß es Jesus vor allem darum ging, den Glauben an Gott zu wecken und zu stärken.

Jesus erweckt einen Toten zum Leben

In den darauffolgenden Tagen geschah es, daß Jesus mit seinen Jüngern auf eine Stadt zuwanderte, die Nain hieß. Als sie sich dem Stadttor näherten, da trug man gerade einen Toten heraus, den einzigen Sohn einer Witwe. Viele Leute gingen mit zur Beerdigung. Als Jesus die weinende Mutter sah, da wurde er von Mitleid ergriffen, und er sagte zu der Frau: „Nun höre auf zu weinen." Dann trat er an die Bahre, auf der der Tote lag, und sprach, indem er die Bahre berührte: „Jüngling, ich sage dir, stehe auf!" Da richtete sich der Tote auf und fing an zu sprechen. Furcht ergriff alle, die dabeistanden. Sie lobten Gott mit lauter Stimme und sprachen: „Ein großer Prophet ist unter uns erschienen. Gott hat sich seines Volkes erbarmt." Die Kunde von der Erweckung des Toten verbreitete sich im ganzen Land.
Auch dieses Wunder wirkt Jesus nicht, um die Aufmerksamkeit der Leute auf sich zu lenken. Vielmehr will er zeigen, daß Auferstehung und Leben für jeden möglich sind, der glaubt.

Das Größte ist die Liebe

Die Botschaft Jesu, seine Geschichten, sein Mitleid und seine Wunder, sie alle wollen uns darauf stoßen, daß die Liebe das erste Gebot für jeden Christen ist. Schon im Alten Bund verlangt Gott vor allem die Liebe. Es gibt nichts Größeres als sie. Der heilige Paulus sagt:
Wenn ich reden könnte wie die berühmtesten Redner oder gar wie die Engel, hätte aber die Liebe nicht, so wären alle meine Worte nichts als leeres Gerede. Wenn ich die Zukunft voraussagen könnte und alle Geheimnisse wüßte, wenn ich alle Erkenntnisse besäße, ja, wenn ich einen so starken Glauben hätte, daß ich Berge versetzen könnte, hätte aber die Liebe nicht, so wäre ich nichts. Und wenn ich alles, was ich besitze, den Armen gäbe, ja, wenn ich meinen Leib zum Verbrennen hingäbe, hätte aber die Liebe nicht, so nützte mir das alles gar nichts.
Die Liebe ist geduldig, und sie ist gütig. Die Liebe macht sich nicht groß, sie bläht sich nicht auf. Sie tut nichts, was sich nicht schickt, sie sucht nicht nur ihren eigenen Vorteil, sie wird nicht bitter, und sie trägt einem das Böse nicht nach.
Sie freut sich nicht über das Unrecht, sie hat aber Freude an der Wahrheit. Sie erträgt alles, glaubt alles, sie ist niemals ohne Hoffnung, und ihre Geduld ist unendlich.
Die Liebe hört nicht auf. Wir Menschen können nicht alles erkennen, und all unser Wissen ist Stückwerk. Vieles sehen wir noch unklar. Doch es kommt einmal der Tag, an dem Gott uns die Augen öffnen wird. Dann sehen wir alles klar.
Bis zu jenem Tag bleiben uns diese drei: Glaube, Hoffnung und Liebe. Das größte unter ihnen aber ist die Liebe.
Den Christen erkennt man vor allem daran, daß er Gott liebt und den Mitmenschen.

Ein Sämann ging aufs Feld

Christus erzählt viele Geschichten. Aber er will damit die Leute nicht unterhalten, nein, in diesen Geschichten ist immer eine Wahrheit enthalten, ein Beispiel. Christus kleidet diese Wahrheiten in Geschichten ein, damit sie lebhaft vor unserem Auge erstehen und wir sie so leicht nicht wieder vergessen. Da in diesen Geschichten häufig ein Mensch mit Gott und ein Haus oder ein Feld mit dem Gottesreich verglichen werden, nennen wir diese Geschichten Jesu auch Gleichnisse.

Einmal erzählt er den Leuten folgendes Gleichnis: „Ein Sämann ging aufs Feld, um zu säen. Etwas von seinem Samen fiel auf den Weg. Da kamen ein paar Vögel geflogen und fraßen es auf. Anderes fiel auf steinigen Grund. Da war nicht viel Erde. Deshalb ging der Samen früher auf als gewöhnlich. Als aber die heiße Sonne darauf schien, da verbrannte das zarte Grün und wurde dürr, weil es keine richtigen Wurzeln hatte. Anderes fiel unter die Dornen, und die Dornen wuchsen kräftig in die Höhe und erstickten die Keime, die aus dem Samen kamen. Aber es fiel von dem Samen auch manches Korn auf gutes Erdreich und brachte viel Weizen. Aus einem Korn kamen hundert Körner, aus einem anderen sechzig, und wieder ein anderes brachte dreißig Körner."

Jesus schloß sein Gleichnis mit den Worten: „Wer Ohren hat, der höre gut zu!"

Da traten seine Jünger zu ihm und sagten: „Warum redest du in Gleichnissen zu ihnen? Bist du sicher, daß sie dich auch verstehen?“ Da antwortete Jesus: „Sie hören und verstehen doch nicht. Sie sehen und sehen doch nicht. Sie hören schwer mit ihren Ohren, weil sie nicht hören wollen, und sie machen die Augen zu, damit sie nicht zu sehen brauchen. Sie haben Angst, sie müßten ihr Leben ändern. Wie kann ich sie da heilen, wenn sie nicht wollen? Ob ich in Gleichnissen zu ihnen rede oder nicht, sie hören doch nicht. Euer Herz ist dagegen aufgeschlossen, deshalb will ich euch das Gleichnis vom Sämann erklären. Hört gut zu!

Der Samen, der auf den Weg fällt, ist das Wort Gottes, das in ein taubes Ohr fällt. Da ist es ganz und gar verloren. Der steinige Grund ist der Mensch, welcher das Wort hört und es mit Freuden aufnimmt. Aber in seinem Herzen findet das Wort nicht genügend Nahrung. Wenn nun der Mensch, in dessen Herz das Wort diesmal gefallen ist, um ebendieses Wortes willen viel leiden muß, dann reißt er es schnell aus dem mageren Grund und hat es schon bald vergessen. Das Samenkorn, das unter die Dornen fällt, kann am Anfang leben. Die Dornen sind das Geld und die Sorgen, und wo die in einem Herzen höher und höher wachsen, da kann das Wort Gottes nicht mehr atmen. Der Samen, der auf gutes Erdreich fällt, hat ein gutes Herz gefunden. Es hört das Wort Gottes und versteht es auch. Kein Wunder, daß da die Ernte groß ist.“

Jesus wußte, daß die Leute sich immer wieder fragten: „Wie kommt es, daß Gott die Bösen ungestraft und in Freuden leben läßt?“ Deshalb erzählte er ihnen folgendes Gleichnis: „Das Himmelreich ist gleich einem Sämann, der guten Samen auf seinen Acker säte. Nachts, als alle schliefen, kam sein Feind und säte Unkraut mitten unter den Weizen. Als nun die Saat aus dem Boden kam, sah man auch viel Unkraut, und die Knechte gingen zu dem Sämann und sagten: ‚Du hast nur guten Samen gesät. Woher kommt das Unkraut?‘ Der Sämann antwortete ihnen: ‚Das hat ein böser Mensch getan.‘ Die Knechte fragten ihn: ‚Sollen wir das Unkraut ausreißen?‘ Der Sämann erwiderte: ‚Laßt es bis zur Ernte in dem Weizen wachsen. Wenn ihr es jetzt schon ausreißt, dann reißt ihr leicht auch den Weizen mit aus. Wenn aber der Tag der Ernte da ist, dann wird alles Unkraut gesammelt und verbrannt, der Weizen aber kommt in die Scheune.‘“

Das Wort Gottes ist wie ein Samenkorn

Wenn der Bäcker Schwarzbrot machen will, nimmt er einen kleinen Klumpen Sauerteig und mengt ihn unter einen Zentner Mehl. Dann muß er eine Nacht warten, bis der Sauerteig das ganze Mehl durchsäuert hat.
Jesus vergleicht das Gottesreich mit einem Sauerteig, den eine Frau nahm und unter drei Maß Mehl mengte, bis alles durchsäuert war. Ein andermal sagt er: „Womit soll ich das Reich Gottes vergleichen? Es ist wie ein Senfkorn, das einer nahm und in seinen Garten säte. Es wuchs und wurde zu einem großen Baum, und die Vögel kamen geflogen und bauten darin ihre Nester."
Immer wieder vergleicht Jesus das Gottesreich mit Dingen aus der Natur. Damit will er uns zeigen, daß das Reich Gottes lebendig ist und immerfort wächst. Das Gottesreich, wie es Jesus meint, ist kein Schlaraffenland, das irgendwo in der Welt liegt und in das wir nur einzutreten brauchen, um dann ohne Sorgen dort zu leben. Nein, das Reich Gottes ist wie ein winziges Samenkorn in unserem Herzen. Jesus hat es dort hineingelegt, und dieses Samenkorn ist das Wort Gottes. In einem Samenkorn ist viel Kraft, wenn es auch klein ist, und lange Zeit liegt es wie tot in der Erde; doch wenn dann der Frühling kommt, beginnt es sich zu regen, es wird immer größer, und am Ende ist aus dem kleinen Keim eine große Pflanze oder gar ein riesiger Baum geworden. Das Gottesreich ist also etwas, was immerfort in uns wächst. Es ist Gottes Wille, daß es sich überall ausbreitet. Deshalb sollen wir es nicht verbergen. So sagt Christus zu seinen Jüngern: „Ihr seid das Licht der Welt. Sorgt dafür, daß alle es sehen." Ein andermal vergleicht er die Christen mit einer Stadt auf dem Berge. Die kann niemandem verborgen bleiben, und die Leute sollen auf sie aufmerksam werden.

Einmal sagte jemand zu Christus: „Ich will dir folgen, wohin du auch immer gehst." Da erwiderte ihm Jesus: „Die Füchse haben ihre Höhlen und die Vögel ihre Nester, doch ich weiß morgens nicht, wo ich am Abend ein Bett finden kann." Er will dem Mann damit sagen, daß ihn kein leichtes Leben erwartet, wenn er Jesus folgen will.
Zu einem anderen sprach er: „Folge mir nach!" Der sagte: „Herr, ich will mit dir kommen. Zuvor muß ich aber noch meinen Vater begraben, der gestorben ist." Jesus antwortete ihm: „Kümmere dich nicht um die Toten, sondern gehe hin und verkündige das Wort Gottes!"
Wieder ein anderer sprach: „Herr, ich will dir nachfolgen, aber laß mich zuvor noch von meinen Verwandten Abschied nehmen." Jesus sagte zu ihm: „Kehre nicht mehr erst in dein Haus zurück, sondern ziehe sofort in die Welt hinaus und sage allen Leuten, daß Gott sich geoffenbart hat." Später spricht Jesus: „Wer mir nachfolgen will, der nehme geduldig all das Schwere auf sich, was einen Jünger Christi erwartet."

Die fleißigen und die faulen Knechte

Wenn ein Sämann den Samen ausgestreut hat, dann geht er nicht fort und vergißt den Samen. Im Frühling, wenn die Erde wieder grün wird, kommt er zurück zu seinem Acker und schaut, ob aller Samen aufgegangen ist, und wenn dann im Herbst die Erntezeit herangekommen ist, dann sieht er nach, ob in den Weizenähren auch viele Körner sind.

So ist es auch mit Jesus. Er möchte, daß das Wort Gottes, das er in unser Herz hineingegeben hat, wächst und Früchte bringt. Er erzählte seinen Jüngern folgendes Gleichnis: Es war einmal ein Mann, der wollte in ein fernes Land reisen. Zuvor rief er alle Knechte zusammen und verteilte sein Geld unter sie. Einem gab er fünf Talente, dem anderen zwei, dem dritten ein einziges Talent, jeden nach seiner Fähigkeit. Dann reiste er fort.

Der nun, welcher die fünf Talente empfangen hatte, ging sogleich daran, mit ihnen Handel zu treiben, kaufte Dinge und verkaufte sie wieder, und am Ende hatte er fünf Talente hinzugewonnen. Ebenso gewann auch der mit den zwei Talenten noch zwei andere hinzu. Der aber, der nur ein einziges Talent bekommen hatte, nahm es und vergrub es in der Erde.

Nach langer Zeit nun kam der Mann von seiner großen Reise zurück. Wieder rief er seine Knechte zusammen und sprach zu ihnen: „Nun will ich mit euch abrechnen. Was habt ihr mit dem Geld gemacht, das ich euch gegeben habe?"

Da kam jener, welcher fünf Talente bekommen hatte, brachte die fünf, die er hinzugewonnen hatte und sprach: „Herr, fünf Talente hast du mir gegeben, schau, ich habe noch fünf dazugewonnen.“ Da sagte sein Herr zu ihm: „Recht so, du guter und treuer Knecht. Weil du weniges treu verwaltet hast, will ich dir vieles schenken. Komm und schau die Freude, die ich dir bereitet habe.“ Da kam auch der mit den zwei Talenten und sagte: „Herr, zwei weitere habe ich hinzugewonnen.“ Auch den lobte der Herr und sprach: „Schaue du gleichfalls die Freuden, die dein Herr für dich bereitet hat.“ Endlich kam der, welcher ein einziges Talent bekommen hatte, und sagte: „Herr, ich wußte, daß du ein harter Mann bist. Ich fürchtete mich, deshalb ging ich hin und vergrub das eine Talent in der Erde. Hier bringe ich es dir zurück.“ Da wurde sein Herr zornig und rief: „Du fauler Knecht! Warum hast du dein Geld nicht auf die Bank gebracht? Da hättest du Zinsen bekommen.“ Und er nahm dem faulen Knecht das eine Talent ab und gab es dem, der schon zehn Talente hatte.

Wir müssen also Gott einmal Rechenschaft darüber ablegen, was wir mit den Gaben getan haben, die er in uns gelegt hat. Er gibt nicht jedem dieselben Fähigkeiten und auch nicht dieselbe Kraft. Gott verlangt von niemandem mehr, als er auch wirklich vermag, und er hat Geduld mit uns. Dies wird deutlich in einem anderen Gleichnis.

Ein Herr hatte einmal einen Feigenbaum, der war schon drei Jahre alt und trug noch keine Frucht. Da wollte der Herr ihn ausreißen lassen, doch sein Gärtner antwortete: „Herr, laß ihn noch dieses Jahr stehen. Ich will rings um ihn herum die Erde aufhacken und düngen. Vielleicht setzt er dann Frucht an. Wenn er in einem Jahr noch immer keine Frucht bringt, dann kannst du ihn ausreißen.“ Der Gärtner ist Christus. Er hat Geduld mit den Menschen.

Jesus spricht über das Geld

Wir sollen arbeiten und Geld verdienen, aber Gott will nicht, daß wir Geld aufhäufen und sagen: „Jetzt kann uns nichts mehr geschehen. Wir haben ja viel Geld." Was wir übrig haben, das sollen wir denen geben, die Not leiden. Wenn wir einmal sterben, wird Gott uns nicht fragen: „Wieviel Geld hast du angesammelt?" Vielmehr wird er uns fragen, was wir mit unserem Geld getan haben. Gott zählt nicht unser Geld. Er will nur wissen, ob wir damit den Notleidenden geholfen haben. Alle Reichtümer der Welt nützen uns nichts, wenn wir sie nicht richtig gebrauchen.
Einmal kam ein Mann zu Jesus und beklagte sich, sein Bruder wolle ihm nicht sein Erbteil geben. Jesus antwortete ihm, er solle sich vor jeder Habsucht hüten, und erzählte ihm ein Gleichnis: Ein Mann hatte einmal eine gute Ernte gehabt. Deshalb sprach er zu sich selber: „Was soll ich jetzt tun? Ich habe ja nicht genug Platz, um all den Weizen unter Dach zu bringen. Das Beste ist, ich breche die alten Scheunen ab und baue größere. Darin hat dann alles Platz. Wenn die neuen Scheunen fertig sind, dann kann ich mir sagen: Nun hast du Vorräte da liegen für viele Jahre; ruh dich aus, iß und trink und mach dir einen schönen Tag." Das hörte Gott, und er sprach zu dem Mann: „Du Narr, noch in dieser Nacht mußt du sterben. Was du da alles neu hergerichtet hast, für wen soll das nun sein?" So geht es dem, der Schätze sammelt und darüber Gottes Wort vergißt.

Jesus weiß, daß das Geld für die Menschen immer eine Versuchung ist, Gott und die Seele zu vergessen. Deshalb sagt er: „Sammelt euch nicht Schätze auf Erden, wo Motten und Rost sie zerstören und Diebe sie stehlen können. Sammelt euch Schätze im Himmel, die kann euch niemand rauben. Ihr könnt nicht Gott dienen und dem Geld. Niemand kann zwei Herren dienen." Damit seine Jünger dies noch besser verstünden, trug er ihnen folgendes Gleichnis vor: Es war ein reicher Mann, der lebte alle Tage herrlich und in Freuden und kleidete sich wie ein König. Ein armer Mann aber, der Lazarus hieß, lag vor dem Palast des Reichen. Er war über und über mit Geschwüren bedeckt und hätte gern die Bissen gegessen, die vom Tisch des Reichen fielen, aber man gab ihm nichts. Als Lazarus starb, wurde er von Engeln in den Schoß Abrahams getragen, der Reiche aber kam nach seinem Tod an einen Ort, wo er viel leiden mußte. Als er nun Lazarus im Schoß Abrahams sah, da rief er: „Vater Abraham, schicke mir den Lazarus, damit er mit Wasser meine Zunge kühlt, denn ich verbrenne bald in diesen Flammen." Abraham antwortete ihm: „Du hast in deinem Leben immer nur Gutes empfangen, Lazarus dagegen hat nichts als Not gekannt, dafür darf er jetzt bei mir sein. Auch ist zwischen uns und euch eine tiefe Kluft, also kann Lazarus nicht zur dir hinüberkommen, und du kannst nicht zu ihm." Da flehte der Reiche: „Dann laß den Lazarus wenigstens in mein Vaterhaus gehen. Ich habe nämlich fünf Brüder, denen soll er Nachricht geben. Ich will nicht, daß auch sie an diesen Ort der Schrecken kommen." Da antwortete ihm Abraham: „Deine Brüder haben Moses und die Propheten, auf die sollen sie hören." Der Reiche erwiderte: „Nicht doch, Vater Abraham, wenn ein Toter zu ihnen kommt, dann werden sie eher gute Menschen." Abraham sagte: „Wenn sie auf Moses und die Propheten nicht hören, so werden sie auch nicht auf den rechten Weg zurückkehren, wenn einer von den Toten aufersteht."

Niemand weiß, wann der Herr kommt

Ein andermal erzählt Jesus folgendes Gleichnis: Es waren einmal zehn Jungfrauen, die wollten auf eine Hochzeit gehen. Fünf von ihnen waren klug, fünf aber waren töricht. Die törichten hatten zwar ihre Lampen mitgenommen, doch sie hatten das Öl vergessen. Die klugen Jungfrauen hatten dagegen genügend Öl in ihren Lampen. Sie warteten auf den Bräutigam, doch der kam nicht sogleich, und so nickten sie ein und schliefen.

Gegen Mitternacht hörten sie plötzlich ein Geschrei: „Seht, der Bräutigam kommt. Steht eilig auf und geht ihm entgegen!" Da standen die zehn Jungfrauen eilig auf und machten ihre Lampen zurecht. Die törichten jammerten: „Wir haben kein Öl mehr." Und sie sagten zu den klugen Jungfrauen: „Gebt uns etwas von eurem Öl, denn unsere Lampen verlöschen." Da erwiderten ihnen die klugen: „Wenn wir euch von unserem Öl mitgeben, dann reicht es nicht für uns alle. Geht daher in einen Laden und kauft euch welches."

Also mußten die törichten Jungfrauen mitten in der Nacht einen Laden suchen, in dem man Öl verkaufte. Währenddessen kam der Bräutigam, und die bereit waren, gingen mit ihm hinein und feierten Hochzeit. Als alle hineingegangen waren, wurde die Tür verschlossen. Endlich kamen auch die Jungfrauen, die erst noch Öl kaufen mußten, und fragten: „Wo ist der Bräutigam?" Da hörten sie, daß er schon längst gekommen war und drinnen Hochzeit feierte. Die törichten Jungfrauen klopften an die Tür und riefen: „Herr, Herr, mach uns auf!" Der Herr aber sprach: „Wer seid ihr? Ich kenne euch nicht!" Und so wurden sie nicht hereingelassen.

Der Bräutigam ist Jesus Christus. Die Jungfrauen sind alle die, welche sein Wort gehört haben. Die törichten Jungfrauen sind die, welche das Wort des Herrn nur allzuoft vergessen, sie sagen sich: „Warum immer an den Herrn denken? Es geht schon alles gut." Die klugen Jungfrauen dagegen bleiben wachsam, sie wissen, daß Gott jeden Augenblick kommen kann. Darum sind sie immer in Bereitschaft. Das Öl, das in ihren Lampen brennt, ist der feste Glaube daran, daß Gott sie nicht vergißt und daß er sie heimholen wird in seine Herrlichkeit. Mit dem Bräutigam Hochzeit feiern bedeutet: Gott ganz nahe sein, so nahe, daß nichts in der Welt uns von ihm wegreißen kann. Niemand weiß, wann Gott zu uns kommen wird, um ganz nahe bei uns zu sein. Deshalb sollten unsere Gedanken häufig bei ihm sein. Wie könnten wir unsere Gedanken aber besser bei Gott sammeln als im Gebet?

Beten heißt, Gedanken und Herz auf den Vater im Himmel richten, heißt vertrauensvoll mit ihm sprechen, so wie ein Kind mit seinem Vater spricht. Wir

dürfen viel von ihm erbitten, er wird uns alles geben, was wir nötig haben. Vertrauensvoll sollen wir beten, und wir sollen nicht nachlassen im Beten. So sagt Jesus: Wenn einer von euch einen Freund hat und mitten in der Nacht zu ihm geht und sagt: „Mein Freund, leihe mir drei Brote, denn es ist unerwartet Besuch gekommen, und ich habe keine Schnitte Brot mehr im Haus", so wird er wahrscheinlich von drinnen rufen: „Wir sind schon alle zu Bett gegangen, ich kann jetzt nicht mehr aufstehen und Lärm machen im Haus deiner Brote wegen. Die Kinder würden wach. Geh und laß mich in Frieden." Ihr aber werdet noch einmal klopfen und sagen: „Ich gehe nicht ohne die Brote." Da wird euer Freund schließlich zu sich selber sagen: „Das Beste ist, ich stehe auf. Sonst läßt er mich die ganze Nacht nicht schlafen." Und so bekommt ihr eure Brote.
Der, welcher an die Tür klopft, ist der Beter, der nicht müde wird beim Beten. Weil er nun so beharrlich bittet, gibt ihm Gott schließlich, was er nötig hat. Deshalb sagt Jesus, nachdem er dieses Gleichnis erzählt hat: „Bittet, und es wird euch gegeben werden. Suchet, und ihr werdet finden, klopfet an, und es wird euch aufgetan werden." Gott will also den beharrlichen Beter. Er will den Christen, der wachsam ist und immer aufmerksam auf die Stimme Gottes hört. Denen, die ihre Gedanken im Gebet auf ihn richten, gibt er den rechten Geist, und wer diesen Geist in sich aufgenommen hat, der kann nichts Falsches tun.

Geht zu den verlorenen Schafen!

Jesus rief seine zwölf Jünger zu sich und gab ihnen die Gewalt, böse Geister auszutreiben und jede Krankheit zu heilen. Vor allem aber sollten sie das Wort Gottes verkünden, und er sandte sie aus und sprach zu ihnen: „Geht zu den verlorenen Schafen und verkündet: ‚Das Gottesreich ist nahe.' Heilt Kranke, weckt Tote auf, macht Aussätzige rein und treibt böse Geister aus. Weil ihr dies alles umsonst bekommen habt, sollt auch ihr umsonst geben. Sagt nicht: Wir brauchen doch Geld für die Reise und einen zweiten Rock. Zieht aus, so wie ihr seid, es wird euch nichts fehlen. Wenn ihr in eine Ortschaft kommt, dann fragt, in welchem Haus ihr gute Menschen finden könnt. Dort bleibt dann, bis ihr weiterziehen wollt. Wenn ihr nun in ein Haus kommt, sagt: ‚Friede diesem Haus!' Wenn man euch nicht aufnehmen oder eure Worte nicht hören will, dann geht einfach weiter zum nächsten Haus oder in die nächste Stadt.

Seht, ich sende euch wie Schafe mitten unter die Wölfe. Böse Menschen werden euch vor den Richter stellen und in den Gotteshäusern schlagen. Habt keine Angst, ich bin bei euch, und macht euch keine Sorge, wie und was ihr reden sollt. Der Geist eures Vaters wird euch die rechten Worte eingeben, denn nicht ihr seid es, die reden, sondern der Geist eures Vaters ist es, der aus euch spricht. Viele werden euch hassen, weil ihr meinen Namen tragt. Wer aber aushält bis ans Ende, der wird gerettet werden.

Fürchtet euch nicht vor denen, die den Leib töten, aber der Seele nichts anhaben können. Fürchtet nur den, der Leib und Seele verderben kann.
Zwei Sperlinge kosten nur ein paar Pfennige, und dennoch fällt kein Sperling zu Boden, wenn es der Herr, euer Vater, nicht will. Wenn also euer Vater schon über die Sperlinge wacht, wieviel mehr wird er über euch wachen, die ihr doch mehr wert seid als viele Sperlinge.
Wenn die anderen euch fragen, ob ihr meine Jünger seid, dann sagt mutig: Ja, wir sind es. Wenn ihr euch aber schämt zu sagen, daß ihr meine Jünger seid, dann werde ich zu meinem Vater im Himmel sagen: Sie schämen sich zu bekennen, daß sie Christen sind. Wie sollte ich ihnen da noch helfen!
Wer nicht die Mühen tragen will, die Gott auf seine Schultern legt, der ist nicht wert, mein Jünger zu heißen.
Vor allem aber sollt ihr denen helfen, die nicht mehr weiterkönnen. Daran soll die Welt erkennen, daß ihr meine Jünger seid. Wer dem Geringsten auch nur einen Becher frischen Wassers reicht, der tut meinen Willen, und ich werde ihn dafür belohnen.“

Wer ist der Größte?

Eines Tages kamen Jakobus und Johannes, die Söhne des Zebedäus, zu Jesus und sprachen: „Meister, wir möchten, daß du uns eine Bitte gewährst." Jesus fragte sie: „Was ist denn euer Wunsch?" Sie antworteten ihm: „Wenn du in deiner Herrlichkeit auf deinem Thron sitzt, dann laß einen von uns zu deiner Rechten und den anderen zu deiner Linken sitzen."
Jesus aber sprach zu ihnen: „Ihr wißt nicht, um was ihr bittet. Könnt ihr die Schmerzen leiden, die ich leiden muß?" Sie sagten: „Ja, das können wir." Da sprach Jesus zu ihnen: „Die Schmerzen, die ich leiden muß, werdet auch ihr leiden, aber die Plätze zu meiner Rechten und zu meiner Linken habe ich nicht zu vergeben. Diese Plätze sind nämlich für die, welche dafür bestimmt sind."
Als die übrigen zehn Jünger das hörten, wurden sie unwillig über Jakobus und Johannes. Jesus rief sie alle zu sich und sprach: „Ihr kennt doch die Herrscher der Völker. Sie spielen sich als die großen Herren auf und lassen ihre Untertanen spüren, daß sie alle Macht in ihren Händen halten und sie gebrauchen können, wie sie wollen.

Unter euch aber soll es anders sein. Wer von euch ein Großer sein will, der sei ein Diener, und wer unter euch der Erste sein will, der sei aller Knecht. Denn auch der Menschensohn ist nicht gekommen, sich bedienen zu lassen, sondern zu dienen und sein Leben hinzugeben, damit viele gerettet werden."

Später, als Jesus kurz vor seinem Tod mit seinen Jüngern das Abendmahl ißt, entsteht unter ihnen noch einmal ein Streit darüber, wer von ihnen der Größte sei. Wieder erinnert Jesus sie an das Beispiel, das er selbst gegeben hat. Er sagt: „Wer ist größer? Der am Tisch sitzt oder der, welcher ihn bedient? Nicht wahr, der am Tisch sitzt, der ist der Größere? Ich aber bin immer wie ein Diener gewesen."

Bei demselben Mahl tut Jesus etwas, was alle seine Jünger in Erstaunen setzt. Er bindet sich eine Schürze um, gießt Wasser in ein Becken, wäscht den Jüngern darin die Füße und trocknet sie mit seiner Schürze ab. Dann sagt er zu ihnen: „Versteht ihr, warum ich das getan habe? Ihr nennt mich Herr und Meister, und ich bin es. Wenn nun ich, als der Herr und Meister, euch die Füße wasche, wieviel mehr seid ihr dann verpflichtet, einander die Füße zu waschen."

Die Wege in Palästina waren staubig, und wenn einer nach einem langen Fußmarsch in ein Haus kam, zog ein Diener ihm die Sandalen aus und wusch ihm die heißen, staubbedeckten Füße. Das war keine angenehme Arbeit, und der Diener mußte sich beim Waschen bis zur Erde herunterbeugen.

Was ein wahrer Christ vermag: Das Leben des Apostels Paulus

Kaum einer hat das Beispiel Jesu getreuer nachgeahmt als der Apostel Paulus. Einmal wirft man ihm vor, er tue dies alles nur, um berühmt zu werden. Darauf antwortet er: „Ihr nennt mich einen Schlaukopf. Ich glaube dagegen, daß es eine Torheit ist, ein solches Leben zu führen, wie ich es führe. Aber ich möchte nicht anders leben. Ich liebe diese Torheit. Das Kreuz Christi war eine Torheit, aber eine Torheit, die aus der Liebe kommt. Ich habe mich entschieden: ich will immerfort von der Liebe Zeugnis geben, die Jesus Christus uns gelehrt und vorgelebt hat."

In seinem ersten Brief an die christliche Gemeinde in Korinth schreibt er: „Ich glaube, Gott hat uns Apostel als die Allergeringsten hingestellt, wie Menschen, die zum Tode bestimmt sind. Bis zur Stunde hungern und dürsten wir, werden geschlagen und wissen nie, wo wir bleiben sollen."

In seinem zweiten Brief an die Korinther berichtet er von dem schweren Leben, das er um Christi willen auf sich genommen hat: „Von den Israeliten erhielt ich hundertneunundneunzig Schläge auf den Rücken, dreimal wurde ich mit Geißeln geschlagen, einmal mit Steinen beworfen, und dreimal erlitt ich Schiffbruch. Da trieb ich einen Tag und eine Nacht hilflos auf dem Meer umher. Auf Reisen war ich oft in großer Gefahr: Reißende Flüsse und heiße Wüsten brachten mich nicht selten an den Rand des Todes, Räuber, ja falsche Freunde trachteten mir mehr als einmal nach dem Leben. Manchen Tag habe ich in Mühsal und Beschwerden zugebracht, ich habe Hunger und Durst gelitten, und ich habe oft gefroren.

Jeden Tag kamen viele zu mir mit ihren Sorgen, ich habe einen jeden angehört und versucht zu helfen und zu trösten, wo ich dies immer konnte. Auch um die christlichen Gemeinden in der Ferne habe ich mich stets gesorgt.
Wenn einer schwach wurde, dann habe ich mit ihm gelitten, und wenn einen ein schweres Unglück traf, dann habe auch ich einen brennenden Schmerz empfunden.
In Damaskus ließ der Statthalter des Königs Aretas die Stadt der Damaszener bewachen, um mich zu ergreifen, aber ich wurde in einem Korb die Stadtmauer hinuntergelassen und entkam so den Soldaten des Aretas."

In all den Leiden und Beschwerden bleibt Paulus stark, denn er hat in sich das Licht des Glaubens, das Christus in ihm entzündet hat. In demselben Brief sagt er über die frohe Botschaft, die Christus uns gebracht hat: „In allem werden wir bedrängt, doch nie erdrückt, wir sind oft im Zweifel, doch wir verzweifeln nicht. Wir müssen Verfolgung leiden, doch wir sind nicht verlassen, wir werden niedergeworfen, doch wir gehen nicht zugrunde. Allezeit tragen wir Jesu Leiden an unserem Leib, damit das Leben Jesu an uns sichtbar werde. Wir wissen, daß derjenige, der Jesus von den Toten auferweckt hat, auch uns auferwecken und heimholen wird. Darum verlieren wir nie den Mut. Unsere augenblickliche leichte Trübsal wird uns einmal eine Überfülle an Herrlichkeit bringen. Nur dürfen wir nicht auf das Sichtbare schauen, sondern auf das Unsichtbare, denn das Sichtbare vergeht, das Unsichtbare aber ist ewig." Am Ende wird der rastlose Apostel in Rom gefangengenommen. Er verleugnet Christus nicht, und so schlagen sie ihm den Kopf ab.

Das Brot, das Christus meint

Wieder einmal waren viele Leute Jesus gefolgt. Sie sahen nämlich, wie er vieles tat, was wieder Licht und Hoffnung in ihr Leben brachte.
Jesus ging auf den Berg hinauf und setzte sich dort mit seinen Jüngern nieder. Das Osterfest der Juden war nahe. Als nun Jesus die Menge sah, die ihm gefolgt war, sprach er zu Philippus: „Wo werden wir Brot kaufen, damit sie alle zu essen haben?" Jesus sagte dies, um den Philippus auf die Probe zu stellen, denn er wußte genau, was er tun wollte. Philippus antwortete ihm: „Wenn jeder auch nur einen kleinen Bissen bekommen sollte, dann würde Brot für zweihundert Denare bei weitem noch nicht reichen." Da sagte Andreas: „Es ist ein Junge hier, der hat fünf Gerstenbrote und zwei Fische. Aber was ist das für so viele Menschen?" Jesus sprach: „Sagt den Leuten, sie sollen sich setzen." An der Stelle wuchs nämlich viel Gras. Da setzten sich die Leute auf den Rasen. An die fünftausend waren es.
Jesus nahm nun die Brote, sprach das Dankgebet darüber und verteilte sie unter die Leute. Dann teilte er auch die Fische aus, und alle wurden satt. Jesus sagte zu seinen Jüngern: „Was übriggeblieben ist, sollt ihr in Körbe sammeln, damit nichts zertreten wird." Sie füllten zwölf Körbe mit Brotstückchen.
Die Leute sprachen zueinander: „Dieser ist wahrhaftig der Prophet, der in die Welt kommen soll." Und sie dachten: „Wir wollen ihn zum König machen. Dann wird es uns an nichts fehlen." Jesus aber ging fort und blieb eine Zeitlang für sich allein.

Es war spät geworden. Deshalb gingen die Jünger Jesu hinab zum See. Sie wollten in einem Boot nach Kapharnaum hinüberfahren. Es war schon dunkel, und Jesus war noch nicht zu ihnen gekommen. Da erhob sich ein starker Wind, und die Wellen schlugen hoch. Als sie nun ein Stück gerudert waren, da erblickten sie Jesus, wie er auf dem See daherging und ganz nahe an das Boot herankam. Da fürchteten sie sich, Jesus aber sprach zu ihnen: „Ihr braucht keine Angst zu haben. Ich bin es." Sie wollten ihn in ihr Boot nehmen, und gleich darauf waren sie auch schon am anderen Ufer.
Am nächsten Morgen suchten die Leute Jesus und seine Jünger am Ufer des Sees. Doch sie fanden sie nicht. Deshalb stiegen sie in Boote, die am Ufer festgebunden waren, und ruderten nach Kapharnaum hinüber, um Jesus dort zu suchen. Als sie ankamen, sahen sie Jesus da stehen, und sie fragten ihn: „Meister, wann bist du hierhergekommen?" Jesus antwortete ihnen: „Ihr sucht mich nicht deshalb, weil ihr wunderbare Zeichen gesehen, sondern weil ihr von den Broten gegessen habt und satt geworden seid. Doch ich sage euch: Müht euch nicht so sehr um vergängliche Speise, sondern sucht eine Speise, die euch für ein ewiges Leben nährt. Diese Speise wird euch der Sohn Gottes geben. Gott der Vater hat ihn dazu in die Welt geschickt." Da fragten ihn die Leute: „Was sollen wir denn tun, damit wir Gottes Willen erfüllen?" Jesus antwortete ihnen: „Ihr sollt an den glauben, den Gott geschickt hat." Die Leute fragten: „Welches Zeichen wirkst du denn, daß wir glauben können? Unsere Väter haben das Manna gegessen, als sie durch die Wüste zogen, wie geschrieben steht: ‚Brot vom Himmel gab er ihnen zu essen'."

Ein großes Geheimnis: Jesus ist das Brot des Lebens

Jetzt ist der Augenblick gekommen, da Jesus den Leuten sein tiefstes Geheimnis offenbart. Er sagt zu ihnen: „Nicht Moses gab euch das Brot vom Himmel, sondern mein Vater schickt euch vom Himmel das wahre Brot, und dieses Brot gibt der Welt das Leben." Die Leute sagen: „Herr, gib uns für immer dieses Brot!" Jesus erwidert ihnen: „Ich bin das Brot des Lebens. Wer zu mir kommt, der wird nicht mehr hungern, und wer an mich glaubt, wird nie mehr dürsten. Eure Väter haben in der Wüste Manna gegessen und sind gestorben. Wer aber von dem Brot ißt, das vom Himmel herabkommt, der stirbt nicht. Ich bin dieses lebendige Brot, und wer es ißt, der wird leben in Ewigkeit. Das Brot aber, das ich geben werde, ist mein Fleisch, und ich gebe es dahin, damit die Welt das Leben hat."

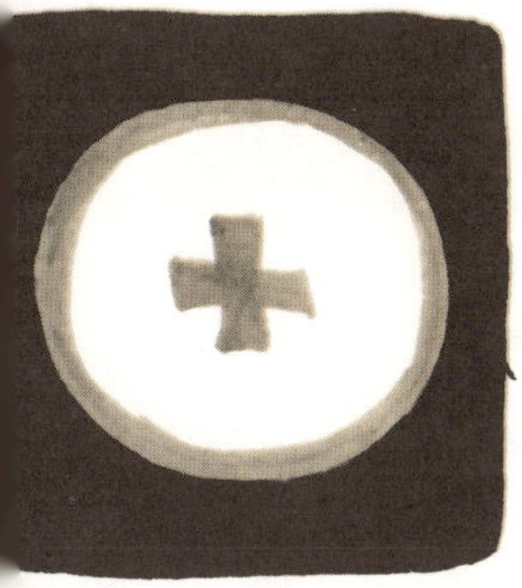

Da murrten die Juden und sprachen zueinander: „Wie kann er uns denn sein Fleisch zu essen geben?“ Jesus hörte das und sagte zu ihnen: „Wenn ihr mein Fleisch nicht eßt und mein Blut nicht trinkt, dann werdet ihr nicht das Leben in euch haben. Wer aber mein Fleisch ißt und mein Blut trinkt, den werde ich am Jüngsten Tage von den Toten auferwecken. Mich hat der lebendige Vater zu euch geschickt, und ich habe sein Leben in mir. Deshalb wird auch der das Leben haben, welcher mein Fleisch ißt und mein Blut trinkt.“
Selbst die Jünger Jesu wußten nicht, was sie dazu sagen sollten. Es ist ein großes Geheimnis, und wir werden es nie ganz verstehen. Der Evangelist Johannes sagt von Jesus: „Und das Wort Gottes ist Fleisch geworden und hat unter uns gewohnt.“ Er will damit sagen: Das Wort Gottes ist als Mensch zu uns gekommen. Wenn nun Jesus, das fleischgewordene Wort Gottes, sagt, wir sollten sein Fleisch essen und sein Blut trinken, dann soll das heißen: Auf diese Weise nehmen wir das Wort Gottes in uns auf. Jenes Geheimnis nennen wir auch das Geheimnis der Eucharistie. Eucharistie heißt wörtlich: gute Gabe, gnadenreiches Geschenk. Und das ist ein großes, unverdientes Geschenk: daß wir das Wort Gottes in uns tragen dürfen.

Die Feier der Eucharistie hieß am Anfang Herrenmahl

So sah die Eucharistiefeier der ersten Christen aus: Am Abend traf sich die Gemeinde in einem kleinen Saal oder auch im Haus eines Christen. Dort brachen sie das Brot in Erinnerung an Jesus Christus und aßen es. Dieses gemeinsame Mahl nannten sie das Herrenmahl, weil sie dabei immer aufs neue mit ihrem Herrn Jesus Christus verbunden waren. Andere sagten auch Liebesmahl, war es doch schon ein Zeichen der Liebe, wenn die Gemeindemitglieder oft zusammenkamen und ihre Sorgen miteinander besprachen und sich gemeinsam freuten, wenn einem von ihnen etwas Gutes widerfahren war. Nun geschah es aber nicht selten, daß die frühen Christen beim Herrenmahl vergaßen, daß sie um Jesu Christi willen zusammengekommen waren. So ist der heilige Paulus mit der Gemeinde in Korinth gar nicht zufrieden. Er hat gehört, daß sie beim Herrenmahl sich streiten und daß einige ihr Essen schnell herunterschlingen, weil sie nicht mit den anderen teilen wollen. Ja, einige sind am Ende gar betrunken. Der Apostel fragt sie in einem Brief: „Habt ihr nicht Häuser zum Essen und Trinken? Wollt ihr der Gemeinde Gottes Schande bereiten und fortfahren, die zu verachten, die nichts haben?" Wie konnten die Korinther das Herrenmahl würdig feiern, wenn sie sich stritten und nur ihren eigenen Vorteil suchten? Sie durften nicht erwarten, daß Gottes Gnade auf sie herunterkam, wenn sie dem Nächsten nicht mit Liebe begegneten, sondern nur an sich selber dachten.

Damit die Korinther das Herrenmahl nun wieder würdig feiern, erinnert der heilige Paulus sie noch einmal daran, was Jesus beim allerersten Herrenmahl gesagt und getan hat:

„Der Herr Jesus nahm in der Nacht, in der er verraten wurde, Brot, dankte, brach es und sprach: ‚Das ist mein Leib für euch. Dies tut zu meinem Gedächtnis.' Nach dem Mahl nahm er den Kelch und sprach: ‚Dieser Kelch ist der Neue Bund in meinem Blut. Dies tut, sooft ihr trinkt, zu meinem Gedächtnis. Sooft ihr dieses Brot eßt und diesen Kelch trinkt, verkündet ihr den Tod des Herrn, bis er wiederkommt.' "
Weil nun dieses Herrenmahl so ganz anders ist als jede andere Mahlzeit, müssen alle, die zu diesem Mahl kommen, sich vorher fragen: „Sind wir auch würdig, dieses Brot zu essen und diesen Kelch zu trinken?" So ermahnt der heilige Paulus alle Gläubigen: „Prüft vorher euer Herz! Vor allem fragt euch, ob ihr nicht etwas gegen euren Nächsten habt. Vertragt euch zuerst mit ihm!"
Einmal fragt Petrus den Heiland: „Wenn einer böse zu mir war, wie oft muß ich ihm verzeihen? Siebenmal?" Jesus antwortet ihm: „Siebzigmal siebenmal sollst du ihm verzeihen!"
So ist ein Herrenmahl nur dann würdig, wenn es zugleich auch ein Liebesmahl ist. Die zum Liebesmahl kommen, sollen sich nicht nur halbwegs vertragen, nein, sie sollen einander lieben. Nur dann wird das Wort Gottes zu ihnen kommen.

Der Heilige Geist ist wie der Finger Gottes

Da war ein Mann, den hatte ein böser Geist ganz stumm gemacht, so daß er nicht mehr sprechen konnte. Jesus trieb den bösen Geist aus, und der Mann konnte mit einemmal wieder sprechen. Da staunten die Leute. Einige aber sagten: „Durch Beelzebul, den Obersten der bösen Geister, treibt er die bösen Geister aus." Andere dachten: Es sollte ein Zeichen vom Himmel kommen, damit wir wissen, daß die Kraft Gottes in ihm ist und nicht die Kraft Beelzebuls, des Königs der bösen Geister.

Jesus wußte, was sie dachten, und sprach zu ihnen: „Jedes Reich, in dem die einen gegen die anderen streiten, ist verloren. Wenn also in gleicher Weise Beelzebul seine eigenen Geister vertreiben würde, wie könnte da sein Reich bestehen? Und da behauptet ihr, durch Beelzebul triebe ich die bösen Geister aus. Nicht durch Beelzebul, sondern durch den Finger Gottes treibe ich Geister aus, und weil der Finger Gottes mir dabei hilft, ist das Gottesreich mitten unter euch gekommen."

Mit diesen Worten will Jesus den Leuten klarmachen, daß er immer nur in enger Verbindung mit seinem Vater im Himmel seine Wunder wirkt. Diese ständige geheimnisvolle Verbindung zwischen ihm und seinem Vater ist der Heilige Geist, den Jesus hier mit einem Finger vergleicht. Der Finger ist ein Bild für die Kraft Gottes.

Im Evangelium des heiligen Johannes sagt Jesus über den Heiligen Geist: „Wenn ihr mich liebt, werdet ihr meine Gebote halten, und ich will den Vater bitten, euch einen anderen Helfer zu geben, der immer bei euch bleiben soll. Dieser Helfer ist der Geist der Wahrheit. Die Welt erkennt ihn nicht, weil sie nicht auf mein Wort hört, sondern sich verschließt. Ihr aber kennt diesen Geist der Wahrheit, und er wird immer bei euch bleiben."
Da fragte ihn Judas: „Warum willst du dich nur uns, nicht aber der ganzen Welt offenbaren?"
Jesus antwortete ihm: „Ich komme zu jedem, der mein Wort hören will."
Jesus zwingt niemanden, an ihn zu glauben. Jeder muß sich entscheiden, ob er für oder gegen Jesus sein will.
Wenn Jesus Christus sagt, Gott der Vater werde den Christen einen anderen Helfer geben, so deutet er damit schon auf seinen Tod, seine Auferstehung von den Toten und seine Himmelfahrt hin. Also fährt er fort: „Noch spreche ich selber zu euch. Wenn ich dann nicht mehr bei euch bin, dann wird euch Gott in meinem Namen den großen Helfer schicken, den Heiligen Geist. Der wird euch stets sagen, was ihr tun müßt, und er wird euch an jedes Wort erinnern, das ich zu euch gesprochen habe."
So läßt Jesus Christus die Seinen nicht wie Waisenkinder zurück. Er verspricht ihnen eine große Hilfe für die Zeit, in der er nicht mehr bei ihnen sein kann. Einmal aber wird Jesus wiederkommen, um sie zu sich zu holen. Bis dahin haben sie den Heiligen Geist.
So ist der Abschied von Christus nicht schmerzlich wie eine endgültige Trennung. Er sagt: „Noch eine kleine Weile, und die Welt sieht mich nicht mehr. Ihr aber werdet mich wiedersehen."
Die Christen sind nicht traurig, weil er gegangen ist, denn er hat sie ja nicht allein gelassen.

Gott sieht nicht auf das Äußere

Einmal bemerkte ein Pharisäer, daß Jesus sich vor dem Essen nicht gewaschen hatte, wie es das Gesetz des Moses vorschrieb. Jesus wußte, was der Pharisäer dachte, und er sprach zu ihm: „Du bist auch einer von denen, die glauben, es sei genug, wenn sie sich die Hände waschen und die Schüsseln spülen. Achtet lieber auf den Schmutz in eurem Herzen und prüft, ob ihr nicht lieblos seid. Gott schaut nicht auf das Äußere, Gott sieht nur auf das Herz. Alles Böse kommt aus dem Inneren des Menschen: schlechte Gedanken, Habsucht, Neid, Hinterlist, Diebstahl und Mord. Reinigt euer Inneres. Nur mit einem reinen Herzen könnt ihr Gotteskinder sein."
Menschen, wie dieser Pharisäer einer ist, hat es immer gegeben und wird es immer geben. So meint Jesus mit dem folgenden Gleichnis nicht nur einige Pharisäer, nein, er meint auch uns.
Zwei Männer gingen in den Tempel, um zu beten. Der eine war ein Pharisäer, der andere ein Zöllner. Der Pharisäer stellte sich hin und betete: „Gott, ich danke dir, daß ich nicht so bin wie die anderen Menschen, wie die Diebe und Betrüger oder wie dieser Zöllner da. Ich faste zweimal in der Woche und gebe den zehnten Teil von allem, was ich besitze." Der Zöllner aber blieb ganz hinten im Tempel stehen. Er traute sich kaum, die Augen zum Himmel zu erheben und sagte nur: „Gott sei mir armen Sünder gnädig." Der Zöllner hat gut gebetet, er verachtet keinen, der Pharisäer dagegen hat schlecht gebetet. Er hält sich für besser als die anderen. Diese Selbstzufriedenheit ist schlecht.

Der Sabbat ist der Ruhetag der Juden. An diesem Tag dürfen sie nicht arbeiten.
Einmal nun ging Jesus mit seinen Jüngern durch die Felder, und da einige von ihnen Hunger hatten, pflückten sie hier und da ein paar Ähren ab. Das sahen einige Pharisäer, und sie sagten zu Jesus: „Deine Jünger tun, was am Sabbat nicht erlaubt ist." Jesus erwiderte ihnen: „Gott will, daß ihr den Menschen Gutes tut. Die Liebe steht immer an erster Stelle."
Als sie weitergingen, kamen sie in ein Gotteshaus. Da war ein Mann, der hatte eine gelähmte Hand. Einige Pharisäer waren Jesus gefolgt und sprachen zueinander: „Wir wollen doch einmal sehen, ob er den Gelähmten am Sabbat heilt. Es ist nicht erlaubt, am Sabbat zu heilen."
Jesus wußte, daß sie ihn beobachteten, und er sprach zu dem Mann mit der gelähmten Hand: „Stelle dich hierher in die Mitte!" Hierauf fragte er die Pharisäer: „Ist es am Sabbat erlaubt, Gutes zu tun und einem armen Mann zu helfen?" Sie schwiegen, und am Ende wurden sie zornig. Da war Jesus betrübt. Es machte ihn traurig, daß sie so hartherzig waren. Er sprach zu dem Mann: „Strecke deine Hand aus!" Im selben Augenblick konnte er die Hand wieder bewegen.
Ein andermal, als er einen Mann heilt, der den ganzen Leib voll Wasser hat, sind wieder einige da, die murren: „Am Sabbat darf man nicht heilen. Soll der Kranke an einem Wochentag wiederkommen!" Da sagt Jesus zu ihnen: „Wenn ein Kind am Sabbat in ein tiefes Wasser fällt, zieht ihr es dann nicht sofort heraus? Wenn einer in Not ist, dann muß man ihm helfen, auch wenn es Sabbat ist."
Jesus hat das Gesetz des Moses beachtet, solange es ihn nicht hinderte, Gutes zu tun. Er sagt den Frommen aber, daß sie Gott mit ihrer herzlosen Strenge keine Freude machen.

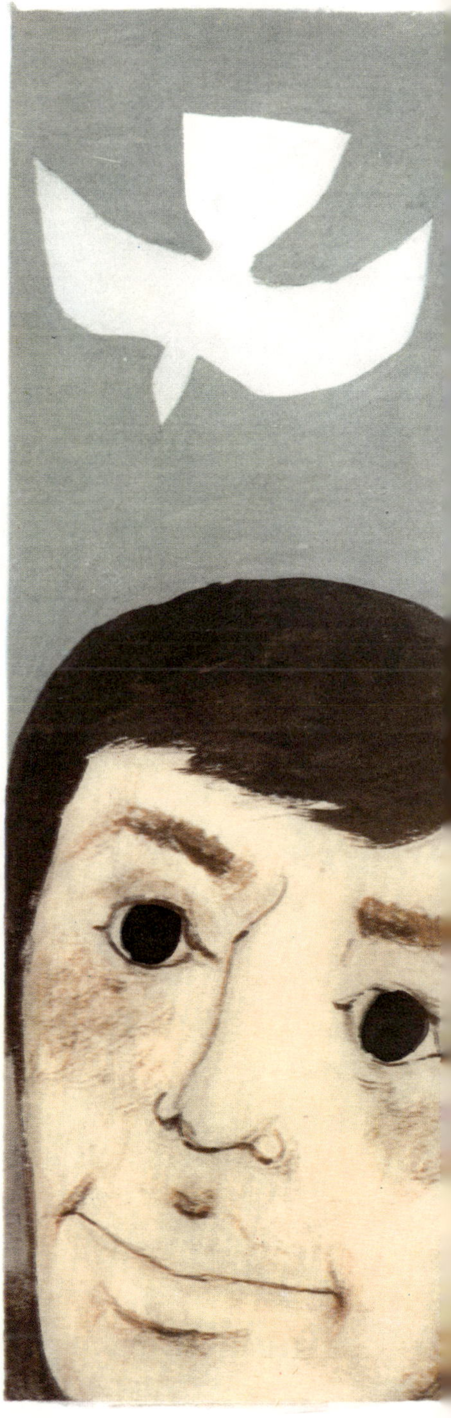

Für die Kleinen ist das Gottesreich

Einmal brachte man Kinder zu Jesus. Er sollte sie berühren. Die Jünger aber schimpften mit den Eltern und sagten: „Laßt den Meister in Ruhe." Jesus hörte das und sagte zu den Jüngern: „Was redet ihr da? Lasset die Kinder zu mir kommen und hindert sie nicht daran, denn für solche ist das Gottesreich. Ich sage euch: Wenn ihr das Gottesreich nicht annehmt wie ein Kind, dann werdet ihr es nie besitzen." Und er nahm die Kinder in seine Arme und segnete sie.

Ein andermal rief Jesus voller Freude aus: „Ich preise dich, Vater, Herr des Himmels und der Erde, daß du dies vor Weisen und Klugen verborgen, Kleinen aber geoffenbart hast. Ja, Vater, so war es gut." Dann wandte er sich zu seinen Jüngern und sagte: „Selig seid ihr, weil ihr dies alles sehen dürft. Denn ich sage euch: Viele Propheten und Könige verlangten sehnsüchtig danach, zu sehen, was ihr seht, doch sie haben es nicht gesehen. Und was hätten sie dafür gegeben, zu hören, was ihr hört, aber sie haben es nicht gehört."

Und so spricht Jesus immer wieder mit besonderer Liebe von den Kindern und den Kleinen.
Warum hat Jesus die Kinder so lieb? Ist das Gottesreich nur für Kinder? Können die Großen es nie besitzen?
Jesus sagt deutlich: „Wenn ihr das Gottesreich nicht annehmt wie ein Kind, dann werdet ihr es nie besitzen." Das heißt: Auch die Großen können das Gottesreich besitzen, doch müssen sie dazu wie die Kinder sein. Was bedeutet das nun: Wie die Kinder sein? Was sollen wir darunter verstehen: das Reich annehmen wie ein Kind?
Athen, die Hauptstadt Griechenlands, stand damals in dem Ruf, die weisesten Männer in ihren Mauern zu haben. Auch ihnen wollte der Apostel Paulus die frohe Botschaft von Jesus Christus verkünden. Die weisen Männer von Athen fragten ihn: „Was redest du so seltsames Zeug? Wer ist dieser Jesus Christus?" Paulus erwiderte ihnen: „Ihr habt viele Götter, und ich sah in einem eurer Tempel einen Altar mit der Aufschrift: Dem unbekannten Gott. Der Gott, den ihr als den unbekannten verehrt habt, ist uns erschienen, und ich verkündige euch die frohe Botschaft. Es ist nicht ein Gott unter vielen, sondern der einzige und wahre Gott. Deshalb ist er auch von den Toten auferstanden". Da schüttelten die weisen Männer von Athen die Köpfe und lachten den Paulus aus. Sie sind die Weisen und Klugen, denen das Gottesreich verschlossen bleibt, weil sie es nicht annehmen mit kindlichem Gemüt. Sie können sich nicht herzlich freuen über die frohe Botschaft, daß der Erlöser endlich da ist. Sie trauen nur ihrem Verstand, der sagt ihnen: Niemand kann wieder lebendig werden, wenn er einmal tot ist.
Ganz anders verhalten sich die, welche Jesus die Kleinen nennt. Denken wir an die Hirten auf dem Feld. Sie laufen einfach in die Stadt und finden Jesus. So auch die drei Weisen aus dem Morgenland: Sie sind klug, sie haben viel gesehen in ihrem langen Leben, und dennoch folgen sie ohne viel zu fragen dem geheimnisvollen Stern. Sie alle nehmen das Gottesreich an wie Kinder, voll Vertrauen, daß Gott es gut mit uns meint. Und so stellen denn auch die Männer, die Jesus als seine Jünger beruft, keine langen Fragen, sie fordern keine Beweise, keine Sicherheiten, keinen Lohn im voraus. Nein, sie lassen kurz entschlossen ihre Netze fallen oder schließen das Zollhaus zu, denn sie wissen, daß das Gottesreich tausendmal mehr wert ist als ein Fischernetz oder ein Posten im Zollhaus.
Das meint Jesus, wenn er sagt, daß die frohe Botschaft den Weisen verborgen, den Kleinen aber offenbart worden ist.

Manche sehen und sind dennoch blind

Einmal erblickte Jesus im Vorbeigehen einen Mann, der war von Geburt an blind. Die Jünger fragten Jesus: „Meister, sage uns, wer ist schuld daran, daß er blind geboren wurde: er selber oder seine Eltern?" Jesus antwortete ihnen: „Er hat nicht gesündigt und seine Eltern auch nicht. Er ist blind auf die Welt gekommen, damit Gott an ihm seine Stärke zeigen kann."
Hierauf spuckte Jesus in den Lehm zu seinen Füßen, machte aus dem Speichel und dem Lehm einen Teig und strich ihn dem Blinden auf die Augen. Dabei sagte er: „Geh hin und wasche dein Gesicht im Teich Siloam." Und der Blinde ging hin zu dem See, wusch sich und konnte sehen.
Bevor Jesus ihn heilte, hatte er am Weg gesessen und gebettelt. Als die Leute ihn nun daherkommen sahen mit zwei gesunden Augen, da sagten sie zueinander: „Ist das nicht der Mann, der immer am Weg saß und bettelte?" Einige meinten: „Das ist er." Andere wiederum sprachen: „Er sieht ihm nur ähnlich." Er selber aber rief: „Ich bin es!" Da fragten sie ihn: „Wie kommt es denn, daß du plötzlich sehen kannst?" Er antwortete: „Der Mann, der Jesus genannt wird, machte einen Teig aus Lehm und Speichel, strich ihn auf meine Augen und schickte mich an den Teich Siloam. Dort sollte ich mich waschen. Das habe ich getan, und seitdem sehe ich so gut wie ihr." Die Leute fragten ihn: „Wo ist denn dieser Jesus?" Er erwiderte: „Ich weiß es nicht."
Da brachten sie ihn zu den Pharisäern, auch denen erzählte er, wie Jesus ihn gesund gemacht hatte. Es war aber am Sabbat, deshalb sagten einige von den Pharisäern: „Der Mann, der sich Jesus nennt, ist nicht von Gott, denn er achtet den Sabbat nicht."

Andere aber meinten: „Er kann kein Sünder sein, denn Sünder haben nicht die Kraft, Kranke wieder gesund zu machen." Und so kam es unter ihnen zu einem Streit. Am Ende fragten sie den Geheilten selber: „Was sagst denn du von dem Mann, der dir das Augenlicht geschenkt hat?" Er antwortete: „Jesus ist ein Prophet." Da sprachen die Pharisäer zueinander: „Vielleicht war er gar nicht blind, und all dies ist ein Betrug." Einge sagten: „Fragen wir doch seine Eltern." Die kamen und sprachen: „Dieser ist unser Sohn, und er wurde blind geboren. Wer ihn nun geheilt hat, wissen wir nicht. Fragt ihn doch selber. Er ist alt genug, um euch Antwort geben zu können." Das sagten die Eltern, weil sie Angst hatten vor den Pharisäern, denn diese hatten verkündigt: „Wer Jesus als den verheißenen Heiland anerkennt, wird aus der Gemeinde ausgestoßen." Und sie sprachen noch einmal zu dem Blinden: „Denke daran, daß du vor Gott nicht lügen darfst. Sage es geradewegs heraus: Jesus ist ein Sünder." Der Mann, der blind gewesen war, antwortete: „Ob er ein Sünder ist, kann ich nicht sagen. Eines aber weiß ich ganz genau: daß ich blind war und jetzt sehen kann." Da wollten sie noch einmal von ihm hören, wie er geheilt worden war. Er aber wurde unwillig und rief: „Wie oft soll ich es euch denn noch erzählen? Wollt ihr etwa seine Jünger werden?" Da fuhren sie ihn an: „Werde du sein Jünger! Wir sind die Jünger des Moses. Wir wissen, daß Gott mit Moses gesprochen hat. Von Jesus aber wissen wir nicht, woher er kommt." Der Mann antwortete: „Es ist höchst sonderbar, daß ausgerechnet ihr nicht wißt, woher Jesus kommt. Dabei weiß jedes Kind, daß Gott Sünder nicht erhört. Nur wer ihn ehrt und seinen Willen tut, den erhört er. Noch nie hat man gehört, daß ein Blinder sehend wurde. Also muß Jesus von Gott kommen, denn was er an mir getan hat, ist ohne die Hilfe Gottes unmöglich." Da schrien die Pharisäer: „Du bist ganz und gar in Sünden geboren, und du willst uns belehren?" Und sie jagten ihn fort.
Jesus hörte, wie es dem Mann ergangen war, und als er ihn wieder traf, fragte er ihn: „Glaubst du an den Sohn Gottes?" Der Mann antwortete: „Wo ist er?" Jesus sagte: „Ich bin es." Da fiel der Geheilte vor Jesus nieder und sprach: „Ja, ich glaube." Jesus sprach: „Ich bin in die Welt gekommen, damit die Blinden sehen und die, welche gesunde Augen haben, blind werden."
Was Jesus trauriger stimmt als die Blindheit der Augen, ist die Blindheit des Herzens. Die Menschen haben lange Zeit nach dem Heiland gerufen. Jetzt ist der Heiland endlich da, jeden Tag hören sie ihn Gottes Wort verkünden, und dennoch sagen sie: „Dieser ist nicht Gottes Sohn." Deshalb heißt es im Evangelium des heiligen Johannes: „Er kam zu den Seinen, doch die Seinen nahmen ihn nicht auf." Sie haben gesunde Augen, und dennoch sind sie blind, denn sie erkennen nicht, daß das Wort Gottes mitten unter ihnen ist.

Jesus kündigt sein Sterben und seine Auferstehung an

Solange Jesus Wunder wirkte, waren seine Jünger und die Leute im ganzen Land hocherfreut. In den Büchern der Propheten hatten sie gelesen, daß der Heiland kommen werde, um die Menschen von allem Unglück frei zu machen. Daß in denselben Büchern auch geschrieben stand, daß der Heiland leiden und wie ein Straßenräuber sterben müsse, das hatten die Leute nicht gelesen, oder wenn sie es gelesen hatten, dann vergaßen sie es rasch, denn ihr Messias sollte ein Held sein, der immer siegreich war. Einen Heiland am Kreuz wollten sie nicht haben. Jesus weiß das. Deshalb bereitet er seine Jünger langsam auf sein Leiden und Sterben vor. So erzählte er ihnen eines Tages dieses Gleichnis:

Ein Herr pflanzte viele Rebstöcke in einem Weinberg, zog einen Zaun darum, baute eine Kelter, in der er den Wein machen wollte, und einen Turm. Auf dem sollte zur Zeit der Ernte ein Mann stehen und Lärm machen, damit die Vögel nicht die Trauben fraßen. Am Ende verpachtete der Herr den Weinberg an einige Winzer und reiste in fremde Länder. Nach einiger Zeit nun schickte er einen Knecht zu den Winzern, die im Weinberg arbeiteten. Der Knecht sollte Trauben und Wein abholen. Als die Winzer ihn kommen sahen, suchten sie Stöcke und schlugen ihn damit windelweich, und der Knecht mußte mit leeren Händen zu seinem Herrn zurückkehren.

Der Herr schickte einen zweiten Knecht zu den Winzern, doch dem erging es genauso wie dem ersten, und noch viele andere Knechte schickte der Herr, doch alles war vergebens. Die einen wurden totgeschlagen, andere kehrten mit zerbrochenen Gliedern zurück. Da sprach der Herr: „Nun will ich meinen eigenen Sohn in den Weinberg schicken, dem werden sie nichts tun." Als die Winzer davon hörten, sprachen sie zueinander: „Der da kommt, wird einmal diesen Weinberg erben. Wenn wir ihn töten, gehört der Weinberg uns." Und sobald er kam, töteten sie ihn. Jesus fragte die Leute, die ihm zugehört hatten: „Was wird nun der Herr des Weinbergs tun? Er wird kommen, um die Winzer zu bestrafen, und den Weinberg wird er anderen geben."
Jesus sprach nun immer häufiger von seinem Leiden und seinem Tod. Um seinen Jüngern aber zu zeigen, daß Leid und Tod nicht das Ende waren, sondern nur ein Anfang, führte er sie eines Tages auf einen hohen Berg. Mit einemmal leuchteten seine Kleider weißer als der Schnee, und Moses und Elias erschienen, um mit ihm zu sprechen. Den Jüngern wäre es lieb gewesen, sie hätten so mit Jesus auf dem Berg bleiben können. Deshalb sagte Petrus: „Hier ist es schön, hier wollen wir bleiben, und wir werden drei kleine Häuser bauen, für Jesus eins, für Moses eins und für Elias eins." Während Petrus noch sprach, erschien über ihnen eine schwere Wolke. Daraus ertönte eine Stimme, die sprach: „Dieser ist mein geliebter Sohn. Auf ihn sollt ihr hören." Einen Augenblick später war alles wieder wie vorher.

Jesus ist gehorsam gewesen bis in den Tod

Wir dürfen die Jünger Jesu nicht tadeln, wenn sie nicht sofort verstanden, als Jesus ihnen sagte, daß er sterben müsse. Sicher haben die Jünger gedacht: Wie ist es möglich, daß der Sohn Gottes Schmerzen leiden und sterben muß wie ein Mensch? Er hat so viele Kranke geheilt, sich selber aber kann er nicht heilen und vor dem Tod bewahren?

Aber vergessen wir dies nicht: Was Jesus sagte und tat, war für die Jünger alles so neu, so überraschend, daß sie es auf einmal nicht verstehen konnten; und während sie mit ihm durch das Land zogen, hatten sie nicht genügend Zeit, darüber nachzudenken, was Jesus gesagt hatte. Die Jünger wurden müde und hungrig wie wir alle, und sie waren auch so nahe bei Jesus, daß sie dachten: Wozu sollen wir soviel nachdenken? Er ist ja bei uns, und deshalb wird uns nichts fehlen.

Der heilige Paulus hat dagegen Jesus nicht mehr selbst gesehen. Als er die Frohbotschaft verkündigt, liegen das Leben und Sterben Jesu schon mehrere Jahrzehnte zurück. Paulus hat also genügend Abstand von dem, was damals geschah, und wenn man Abstand hat, dann kann man alles besser überschauen, und vieles, was man in der Nähe nicht versteht, das wird einem von fern besehen plötzlich klar.

So macht sich der Apostel Paulus vor allem Gedanken über die Frage: Warum mußte Jesus all die Schmerzen leiden und den Tod am Kreuz erdulden? In seinem Brief an die Philipper ermahnt er die Gläubigen, nicht immer nur auf den eigenen Vorteil bedacht zu sein, sondern das Wohl der anderen im Auge zu haben. Darin ist Jesus unser großes Vorbild. So sagt der Apostel wörtlich: „Ahmt das Beispiel Jesu Christi nach! Da er in Gottesgestalt war, glaubte er nicht, er müsse selbstsüchtig daran festhalten. Er nahm vielmehr Knechtsgestalt an und wurde Mensch. Er erniedrigte sich selbst und nahm gehorsam das Kreuz auf seine Schultern, das Kreuz, an dem er sterben sollte."

Gott hat seinen geliebten Sohn für uns hingegeben. Er hat zugelassen, daß er mit Stöcken geschlagen und wie ein gemeiner Verbrecher ans Kreuz geschlagen wurde. Dadurch hat er gezeigt, wie sehr er die Menschen liebt. Zugleich hat er unserem Leiden einen Sinn gegeben. Das Leben und Sterben Jesu Christi zeigt uns, daß mit dem Tod nicht alles zu Ende ist. Am dritten Tag steht Jesus von den Toten auf. Wir Menschen müssen viel leiden. Krankheiten und Enttäuschungen bleiben niemandem erspart. Aber wie Jesu Leiden nur die Vorbereitung auf die Osterfreude sind, so führen auch unsere Leiden nicht zum ewigen Tod, solange wir Christi Wort befolgen: „Wer mein Jünger sein will, der nehme sein Kreuz auf sich und folge mir nach."

Jesus besiegt den Tod

Einmal war in Bethanien ein Mann mit Namen Lazarus todkrank. Da ließen seine Schwestern dem Gottessohn sagen, wie es mit Lazarus stehe, und Jesus sagte: „Diese Krankheit führt nicht zum Tod, sondern sie ist über den Lazarus gekommen, damit der Gottessohn verherrlicht werde." Nach einiger Zeit fügte er hinzu: „Unser Freund Lazarus schläft. Ich will hingehen, um ihn aufzuwekken." Die Jünger begriffen nicht, daß Jesus vom Tod gesprochen hatte. Deshalb sagte er klar und deutlich: „Lazarus ist tot. Wir wollen zu ihm gehen."
Als sie in Bethanien ankamen, hatte Lazarus schon vier Tage tot im Grab gelegen. Sobald Martha, die Schwester des Lazarus, hörte, daß Jesus gekommen war, eilte sie herbei und rief: „Herr, wärest du hiergewesen, so wäre mein Bruder nicht gestorben. Aber ich weiß, daß Gott dir auch jetzt alles geben wird, worum du ihn bittest." Jesus antwortete ihr: „Dein Bruder wird auferstehen." Martha sagte darauf: „Ich weiß, daß er auferstehen wird am Jüngsten Tag." Jesus sprach zu ihr: „Ich bin die Auferstehung und das Leben. Wer an mich glaubt, wird leben, auch wenn er schon gestorben ist. Glaubst du das?". Und Martha erwiderte: „Ja, ich glaube, daß du der Messias, der Sohn Gottes, bist." Und Martha ging nach Hause und erzählte ihrer Schwester Maria, daß Jesus gekommen war und sie ihn vor dem Dorf getroffen hatte. Sogleich liefen die beiden Schwestern zu Jesus, und viele Leute folgten ihnen. Maria fiel vor Jesus nieder und sprach: „Herr, wärest du hiergewesen, so wäre mein Bruder nicht gestorben."
Als Jesus sah, wie traurig die beiden Schwestern waren, da war auch er gerührt, und er fragte: „Wo habt ihr ihn begraben?" Und als sie hinaus zum Grab gingen, da weinte Jesus, denn er hatte Lazarus sehr geliebt. Sie hatten den Lazarus in eine steinerne Höhle gelegt und darauf einen schweren Stein gewälzt. Jesus sagte: „Hebt den Stein da weg!" Da sprach Martha: „Mein Bruder liegt aber doch schon vier Tage im Grab." Jesus erwiderte: „Habe ich dir nicht gesagt, daß du die Herrlichkeit Gottes schauen wirst, wenn du nur glaubst?" Da hoben sie den Stein weg, Jesus aber richtete seinen Blick nach oben und sprach: „Vater, ich danke dir, daß du mich erhört hast. Ich wußte zwar, daß du mich allezeit erhörst, aber wegen der Leute, die hier stehen, habe ich dir laut gedankt, damit sie glauben, daß du mich gesandt hast."
Hierauf rief er mit lauter Stimme: „Lazarus, komm heraus!" Da kam der Verstorbene heraus. Seine Beine und Arme waren mit Binden umwickelt, und um das Gesicht hatten sie ihm ein Tuch gebunden, wie es damals Brauch war. Jesus sagte: „Wickelt die Binden los, damit er wieder gehen kann." Und Lazarus ging aufrecht davon.

Die eine hartnäckige Frage: Wie groß ist deine Liebe?

Auferstehen heißt eintreten in das ewige Leben. Ewiges Leben haben heißt Gott von Angesicht zu Angesicht schauen dürfen, immer bei ihm sein. Doch dieses ewige Leben wird uns nicht einfach wie eine reife Frucht in den Schoß fallen. Wenn wir sterben, dann wird Jesus Christus vor uns stehen und fragen: „War deine Liebe groß genug?" Dann wird mancher die Augen niederschlagen müssen, und Christus wird zu ihm sagen: „Geh hinweg, ich will dich nicht mehr sehen. Denn ich war hungrig, und du hast mir nichts zu essen gegeben. Ich war durstig, und du hast mir nichts zu trinken gegeben. Ich habe als Flüchtling an deine Tür geklopft, und du hast mir nicht aufgemacht. Ich war nackt, und du hast mir nichts zum Anziehen gebracht, ich war im Krankenhaus und im Gefängnis, und du hast mich nicht besucht."
Der solches hören muß, wird dann verwundert fragen: „Herr, wann habe ich dich denn jemals hungrig oder durstig oder nackt und krank gesehen? Hätte ich dich Not leiden sehen, so hätte ich dir schon geholfen." Darauf Jesus Christus: „Wenn du irgendeinem, der in Not war, nicht geholfen hast, dann hast du auch mir nicht geholfen, denn was einer dem Geringsten tut, das hat er mir getan." Wer den Notleidenden Liebe erwiesen hat, der wird das ewige Leben haben, die Hartherzigen aber werden Gott nicht schauen.

Jesus sagt es den Jüngern und allen, die ihm zuhören, ganz deutlich: Wenn er, Jesus Christus, einmal nicht mehr als Mensch auf dieser Erde ist, dann darf niemand sagen: „Jetzt ist er nicht mehr da, dann brauchen wir auch nicht mehr an die Tür zu gehen, um ihm aufzumachen und ihn zum Essen einzuladen." Christus ist immer unter uns. Er begegnet uns in jedem Menschen, vor allem aber in denen, die Hunger und Durst haben, die frieren, weil sie nichts anzuziehen haben, die krank sind und mutterseelenallein im Krankenzimmer liegen, die im Gefängnis sitzen müssen, und in vielen anderen mehr, die traurig sind in ihrem Herzen. Wenn wir einen solchen Menschen treffen, dann haben wir Jesus Christus vor uns, und wenn wir diesem Ärmsten Gutes tun, dann tun wir Jesu Willen. Sagt nun nicht immer: „Die Armen sind an ihrem Unglück selber schuld, also brauchen wir ihnen auch nicht zu helfen." Und redet auch nicht so: „Andere, die mehr Geld und Macht haben als wir selber, sollen sich um die Habenichtse kümmern!" Wenn einer in Not war, hat Jesus auch nicht gefragt: „Bist du etwa an deiner Armut oder deiner Krankheit selber schuld? Hast du keinen in der Verwandtschaft, der dir helfen könnte?" Nein, Jesus stellt keine Fragen dieser Art. Er hilft, wo Not ist, denn er weiß: Wer Fürchterliches leidet, hat keine Kraft, gute Gedanken zu haben.

Der Herr der Welt reitet auf einem Esel in seine Stadt

Als Jesus den Lazarus wieder lebendig gemacht hatte, da glaubten viele Juden, daß er wirklich der Sohn Gottes war. Andere aber gingen zu den Pharisäern und erzählten ihnen, was geschehen war. Da setzten sich die Pharisäer und Hohenpriester an einen Tisch und sagten: „Was sollen wir tun, wenn dieser Mensch so viele Zeichen wirkt? Wenn wir ihn gewähren lassen, dann werden schließlich alle an ihn glauben, und wir selber haben keinen Einfluß mehr." Da sprach Kaiphas, der in diesem Jahr der höchste Priester war: „Es kann noch schlimmer kommen. Die Römer werden alle Macht allein ausüben wollen, wenn sie von der Unruhe in unserem Land hören. Deshalb meine ich, es ist besser, daß ein einziger Mensch für das Volk stirbt, als daß das ganze Volk zugrunde geht." Er dachte, sie könnten ihre Macht behaupten, wenn sie Jesus töteten. Er ahnte aber nicht, daß seine Worte noch einen anderen, tieferen Sinn hatten: daß der Erlöser Jesus Christus für die ganze Menschheit sterben wollte, um ihr das Leben zu erhalten, das heißt: die Gnade Gottes.
Von diesem Tag an waren die Pharisäer und Hohenpriester entschlossen, Jesus zu fangen und so schnell wie möglich hinzurichten. Jesus ging nun auch nicht mehr öffentlich in die Städte und Dörfer, sondern er hielt sich mit seinen Jüngern nahe der Wüste auf. Hier wollte er sich in Gebet und Fasten auf sein Leiden und Sterben vorbereiten. Das Osterfest war nahe, und viele zogen nach Jerusalem hinauf zur Osterfeier. Auch Jesus und seine Jünger kamen in die Stadt. Die Feinde Jesu sprachen zueinander: „Wenn einer von euch Jesus sieht, dann gebe er uns sofort Bescheid, damit wir ihn gefangennehmen können."
Als Jesus mit seinen Jüngern an den Ölberg kam, sagte er zu zweien von ihnen: „In dem Dorf, das vor euch liegt, werdet ihr eine Eselin angebunden finden. Bindet sie los und bringt sie mir. Wenn einer euch daran hindern will, dann sagt, der Herr brauche das Tier, und man wird euch ziehen lassen." Bald brachten die Jünger die Eselin und legten ihre Kleider auf den Rücken des Tieres. Dann setzte Jesus sich darauf und ritt in Jerusalem ein. Viele Leute breiteten ihre Mäntel auf dem Weg aus, andere schnitten Zweige von den Bäumen und streuten sie auf die Erde, und die Menge, die sich um Jesus drängte, rief mit lauter Stimme: „Hosanna dem Sohn Davids! Hochgelobt sei, der da kommt im Namen des Herrn. Hosanna in der Höhe!"
Die Leute, die noch in den Häusern waren, hörten den Gesang und kamen auf die Straße gelaufen. Sie fragten: „Wer ist denn dieser Mann?" Die um Jesus herum waren, antworteten ihnen: „Das ist Jesus, der Prophet aus Nazareth in Galiläa."

Jesus Christus, der Herr der Welt, zieht nicht wie ein Kriegsheld in Jerusalem ein. Er reitet nicht auf einem prächtigen Pferd, und er hat auch keine Garde um sich. Er reitet einfach auf einem Esel, denn er will der Diener, nicht der Beherrscher der Menschen sein. Die Leute spüren das und feiern ihn wegen seiner Einfachheit wie einen König.

Die eingeladen sind, wollen nicht zur Hochzeit kommen

Als Jesus nun in den Tempel kam, sah er überall Händler herumsitzen, die wollten Ochsen, Schafe und Tauben verkaufen, und unter ihnen waren auch Geldwechsler. Da machte sich Jesus aus Stricken eine Geißel und trieb sie alle zum Tempel hinaus, die Händler mitsamt ihren Tieren und die Geldwechsler hinterher; und er warf die Tische um, an denen sie gesessen hatten, und schüttete ihr Geld auf den Boden. Dabei sagte er: „Schafft dies alles hier aus dem Tempel und macht das Haus meines Vaters nicht zu einem Kaufhaus!"
Die Pharisäer und Schriftgelehrten aber sagten zu Jesus: „Wer gibt dir das Recht, so mit uns zu verfahren? Wirke ein Zeichen, damit wir sehen, daß du das tun darfst." Jesus antwortete ihnen: „Brecht diesen Tempel ab, und ich werde ihn in drei Tagen wieder aufbauen." Da schüttelten die Pharisäer den Kopf und sprachen: „Sechsundvierzig Jahre lang hat man an diesem Tempel gebaut, und du willst ihn in drei Tagen bauen?"
Jesus meint natürlich nicht den Tempel in Jerusalem, sondern er spricht von seiner Auferstehung. Die drei Tage sind die Zeit, die er tot im Grab liegt. Der Wiederaufbau des geheimnisvollen Tempels ist die Auferstehung am Ostermorgen. Für all das haben die Pharisäer kein Verständnis. Sie wissen höchstens, wie lange man an dem großen Tempel von Jerusalem gebaut hat. Sie kennen die Preise für Ochsen und Schafe ganz genau, und Jesus ist für sie ein Unruhestifter, der ihre Macht im Land gefährdet. Die Handwerker und Bauern sehen in Jesus vor allem den Mann, welcher die römischen Besatzungssoldaten aus Palästina vertreiben und einen neuen, unabhängigen Staat Israel errichten könnte. Oder aber Jesus ist für sie ein Wundertäter, der ihnen zu essen und zu trinken gibt und ihnen auch sonst das Leben erleichtert. Sie suchen alle ihren eigenen Vorteil.
Dies bedrückt Jesus mehr als der nahe Tod am Kreuz. Er ist das Wort Gottes, welches Mensch geworden ist, aber das Wort Gottes wollen die meisten nicht hören. So können wir gut verstehen, daß Jesus weint, als er die Stadt Jerusalem zu seinen Füßen liegen sieht. Vom Berg herab klagt er: „Jerusalem, Jerusalem, wenn du doch endlich erkennen wolltest, was dir zum Frieden dient! Du aber bist blind. Du mordest die Propheten und wirfst mit Steinen auf die, welche zu dir gesandt sind, um dir die Wahrheit zu verkünden. Wie oft wollte ich deine Kinder sammeln, wie eine Henne ihre Küken unter ihren Flügeln sammelt, du aber hast nicht gewollt." Im Geist sieht er, wie Feinde kommen und Jerusalem zerstören, weil es nicht erkannt hat, daß Gott in diese Welt gekommen ist, um die Menschheit zu erlösen.

Gott kommt als Mensch zu uns auf die Erde und bietet uns seine Gnade und seine Liebe an. Er lädt uns wie zu einem Gastmahl ein. Aber viele haben keine Zeit, der Einladung zu folgen. Sie glauben, sie hätten Wichtigeres zu tun. Diese Menschen meint Jesus, wenn er folgendes Gleichnis erzählt.

Das Himmelreich ist einem König gleich, der für die Hochzeitsfeier seines Sohnes alles vorbereitet hatte. Er sandte seine Knechte aus, die sollten die Geladenen zum Hochzeitsmahl bitten, doch die wollten nicht kommen. Wieder schickte er Knechte aus, die sollten die Geladenen noch einmal bitten, aber die sagten, sie hätten keine Zeit, sie müßten pflügen und Handel treiben. Einige von ihnen ergriffen die Boten des Königs, schlugen sie oder brachten sie gar um. Da wurde der König zornig und schickte Soldaten aus. Die töteten die Mörder und brannten ihre Häuser nieder.

Hierauf sprach der König zu seinen Knechten: „Das Gastmahl ist bereitet, doch die Geladenen waren nicht wert, mit uns zu speisen. Geht daher auf die Straßen und Plätze und ladet zur Hochzeit ein, wen immer ihr findet." Und die Knechte brachten von überall her die Menschen zusammen, Gute und Böse, und bald war der Hochzeitssaal voll von Gästen.

Diejenigen, die Gott als erste einlädt, mit seinem Sohn, dem menschgewordenen Wort, zusammenzusein, achten nicht auf ihn. So nehmen viele Juden den Heiland nicht bei sich auf, obwohl ihre Großväter und Väter nach ihm gerufen haben.

Tut dies zu meinem Gedächtnis

Als nun der Tag kam, an dem die Juden das Osterlamm schlachten sollten, sprach Jesus zu Petrus und Johannes: „Geht und bereitet für uns das Ostermahl." Sie fragten ihn: „Wo sollen wir es essen?" Er erwiderte ihnen: „Sobald ihr in die Stadt hineinkommt, wird euch ein Mann begegnen, der trägt einen Wasserkrug. Geht ihm nach und in das Haus hinein, in das auch er hineingeht. Dann fragt nach dem Herrn des Hauses und sagt zu ihm: Der Meister läßt fragen, wo der Raum sei, in dem er mit seinen Jüngern das Ostermahl essen kann. Er wird euch dann einen kleinen Saal im oberen Stockwerk zeigen, da sind die Stühle gepolstert. In diesem Saal macht alles fertig." Und sie gingen in die Stadt, fanden das Haus und bereiteten das Ostermahl.
Als die Stunde des Mahles gekommen war, ging Jesus mit seinen Jüngern in das Haus, und sie setzten sich an den Tisch. Da sprach Jesus zu ihnen: „Ich habe sehnsüchtig danach verlangt, mit euch das Ostermahl zu essen, bevor ich leide. Denn ich sage euch: Ich werde es nun nicht mehr essen, bis das Gottesreich kommt." Und er nahm einen Kelch, sprach das Dankgebet und sagte: „Teilt ihn unter euch, denn ich sage euch: Ich werde ihn nicht mehr mit euch trinken, bis das Reich Gottes da ist." Hierauf nahm er das Brot, dankte Gott, brach es und gab es seinen Jüngern mit den Worten: „Das ist mein Leib, der für euch hingegeben wird. Tut dies zu meinem Gedächtnis." Dann nahm er den Kelch und sprach: „Dieser Kelch ist der neue Bund in meinem Blut, das für euch vergossen wird."

Dann fuhr Jesus fort: „Die Hand dessen, der mich verraten wird, ist mit meinen Händen auf dem Tisch. Der Menschensohn geht zwar hin zu sterben, wie es bestimmt ist, doch wehe dem Menschen, welcher ihn verrät." Da erhob sich unter den Jüngern ein Streit, und sie fragten: „Wer von uns könnte so etwas tun?"

Inzwischen war Judas Iskariot, einer der Jünger, zu den Hohenpriestern und den Offizieren gegangen, um mit ihnen zu beraten, wie sie Jesus am besten fangen könnten. Die waren sehr froh, daß Judas Iskariot ihnen dabei helfen wollte, und sie versprachen ihm Geld für seine Hilfe.

Nach dem Mahl sagte Jesus zu seinen Jüngern: „Ihr seid bis zuletzt bei mir geblieben, und so sollt ihr das Reich bekommen, das der Vater mir gegeben hat. Ihr sollt in meinem Reich zusammen mit mir an einem Tisch essen und trinken, und ihr werdet auf prächtigen Stühlen sitzen, um die zwölf Stämme Israels zu richten."

Hierauf wandte er sich an Simon Petrus und sprach zu ihm: „Der Satan will euch wie Weizen sieben. Ich aber habe für dich gebetet, damit dein Glaube nicht ins Wanken kommt. Denn du sollst später deinen Brüdern Kraft geben in der Stunde der Schwachheit." Simon Petrus erwiderte: „Herr, ich bin bereit, mit dir ins Gefängnis oder gar in den Tod zu gehen." Jesus antwortete: „Bevor der Hahn kräht, wirst du dreimal geschworen haben, du kenntest mich nicht."

Jesus ist der Weg, der sicher zum Vater führt

Noch einmal sprach Jesus zu seinen Jüngern: „Kinder, noch eine kleine Weile bin ich bei euch, und ihr werdet nach mir suchen. Aber wo ich hingehe, dahin könnt ihr mir nicht folgen. Ich gebe euch, bevor ich gehe, ein neues Gebot, das lautet: Liebet einander! So wie ich euch geliebt habe, so sollt ihr einander lieben. An eurer Liebe soll die Welt erkennen, daß ihr meine Jünger seid."
Jesus weiß, daß seine Jünger bestürzt dastehen werden, wenn die Soldaten kommen, um ihn festzunehmen. Deshalb stärkt er ihren Glauben und macht ihnen Mut: „Ihr sollt nicht erschrecken! Ihr glaubt an Gott, glaubt auch an mich! Im Haus meines Vaters sind viele Wohnungen, und ich gehe hin, euch darin einen Platz zu bereiten. Und wenn ich einen Platz für euch bereitet habe, dann werde ich wiederkommen und euch zu mir holen, damit ihr auch da seid, wo ich bin. Und ihr kennt ja den Weg zu dem Ort, wohin ich gehe." Da sagte Thomas: „Herr, wir wissen nicht, wohin du gehst, und wir kennen auch nicht den Weg dorthin." Da erwiderte Jesus: „Ich bin der Weg, die Wahrheit und das Leben. Niemand kommt zum Vater, es sei denn durch mich. Hättet ihr mich erkannt, würdet ihr auch meinen Vater kennen. Jetzt kennt ihr ihn durch mich." Da sprach Philippus: „Herr, zeige uns den Vater, und wir wollen ruhig sein." Da antwortete ihm Jesus: „Nun bin ich schon so lange mitten unter euch, und du hast mich noch nicht erkannt. Wer mich gesehen hat, der hat auch den Vater gesehen."

Die Jünger haben nicht verstanden, daß Jesus in seinem Vater ist und der Vater wiederum in ihm. Die Worte, die Jesus sagt, redet er nicht aus sich selber. Der Vater wohnt in Jesus, und in Jesus ist er selbst am Werke.
Noch einmal kommt Jesus auf das erste und höchste Gebot zurück: die Liebe. So beschwört er die Jünger, und diese Worte sind an jeden Christen gerichtet: „Wenn ihr mich liebt, werdet ihr meine Gebote halten, und ich werde den Vater bitten, er soll euch einen anderen Helfer geben, der immer bei euch bleibt. Dieser Helfer ist der Geist der Wahrheit. Er wird euch alles lehren und euch an alles erinnern, was ich euch gesagt habe. Ich gebe euch meinen Frieden, und was ich euch gebe, ist nicht gebrechlich wie die Gaben der Menschen."
Außer den Jüngern standen noch andere um ihn herum. Diesen trug er folgendes Gleichnis vor: Ein Mann hatte zwei Söhne. Er ging zu dem ersten und sprach: „Geh heute in den Weinberg und arbeite darin." Der Sohn antwortete: „Ja, ich gehe." Aber er ging nicht. Da sprach der Mann zu seinem zweiten Sohn: „Geh, arbeite im Weinberg." Der Sohn erwiderte ihm: „Ich will nicht gehen." Später jedoch bereute er diese Antwort und ging in den Weinberg.
Jesus fragte die Leute: „Welcher von beiden hat den Willen des Vaters getan?" Da antworteten sie: „Der zweite Sohn." Jesus sprach zu ihnen: „Viele von euch sind wie der erste Sohn. Gott ist zuerst zu euch gekommen, aber ihr habt nicht auf ihn gehört. Die ihr für schlecht haltet, vor allem die Zöllner, die haben auf sein Wort gehört."

Jesus wird gefangengenommen

Von diesem Augenblick an spricht Jesus nicht mehr viel. Er zieht sich zurück und leidet für uns schweigend in der Einsamkeit. Er gibt das Höchste dahin, was einer geben kann: sein Leben. Und indem er sich selber hingibt, zeigt er, wie groß die Liebe Gottes zu den Menschen ist. Jesus ist Gottes Sohn, und er ist allmächtig, aber er ruft keine Engelheere zu seinem Schutz herbei. Aus Liebe zu uns geht er auch den fürchterlichsten Leiden nicht aus dem Weg.
Jesus ging mit seinen Jüngern an den Ölberg. Dort sagte er zu ihnen: „Betet, damit ihr nicht in Versuchung fallet!" Dann ging er einen Steinwurf weit weg, kniete nieder und betete: „Vater, wenn es dein Wille ist, laß diesen Leidenskelch an mir vorübergehen. Doch nicht mein Wille soll geschehen, sondern der deine." Da stand ein Bote Gottes neben ihm und stärkte ihn. Als Angst ihn schüttelte, betete er noch eindringlicher, und sein Schweiß rann rot wie Blut zur Erde.
Als er nun zu seinen Jüngern zurückkehrte, sah er, daß sie schliefen, und er weckte sie auf und sprach: „Wachet und betet, damit ihr nicht in Versuchung fallet." In diesem Augenblick kam eine Schar den Berg heraufgezogen, an ihrer Spitze Judas Iskariot. Der kam näher, um Jesus zu küssen. Dieser sprach zu ihm: „Judas, mit einem Kuß verrätst du den Menschensohn?" Als die anderen Jünger die Soldaten sahen, fragten sie Jesus: „Herr, sollen wir mit dem Schwert dreinschlagen?" Und einer schlug dem Knecht des Hohenpriesters ein Ohr ab. Jesus aber sagte: „Steckt die Schwerter in die Scheide!" und setzte dem Knecht das Ohr wieder an. Zu den Hohenpriestern und Offizieren sprach er: „Ihr kommt daher, als wolltet ihr einen Räuber fangen. Jeden Tag war ich im Tempel, und ihr habt mich nicht angerührt. Jetzt aber ist eure Stunde gekommen und die Macht der Finsternis."
Sie brachten ihn in das Haus des Hohenpriesters. Petrus folgte dem Zug von ferne. Da es kalt war, setzte er sich an ein Feuer, das in der Mitte des Hofes brannte. Eine Dienstmagd trat heran, schaute dem Petrus prüfend ins Gesicht und sagte: „Das ist auch einer von Jesu Leuten." Der aber sprach: „Du irrst dich. Ich kenne Jesus nicht." Kurz darauf sah ihn ein anderer und sagte: „Du bist einer von den Anhängern Jesu." Doch Petrus erwiderte: „Ich bin es nicht." Nach einer Stunde etwa behauptete noch ein Mann: „Er war bei Jesus, beide sind Galiläer." Petrus schüttelte den Kopf und sagte: „Mann, ich weiß nicht, wovon du sprichst." Während er dies sagte, krähte der Hahn. Da wandte sich Jesus nach ihm um, und Petrus erinnerte sich an das Wort des Herrn: „Bevor der Hahn kräht, wirst du dreimal geschworen haben, du kenntest mich nicht." Und Petrus ging hinaus und weinte bitterlich.

Pilatus sagt: Dieser Mann ist unschuldig

Die Hohenpriester und der ganze Hohe Rat suchten nun Zeugen gegen Jesus, denn ohne Aussagen von Zeugen konnten sie ihn nicht zum Tode verurteilen. Es traten Zeugen auf, doch ihre Aussagen waren voller Widersprüche. Wieder andere logen und verdrehten die Worte, die Jesus gesprochen hatte. Da trat der Hohepriester vor Jesus und sagte: „Warum antwortest du nicht auf das, was diese Zeugen gegen dich vorbringen?“ Jesus schwieg. Der Hohepriester fragte ihn: „Bist du der Heiland, der Sohn des Hochgelobten?“ Jesus erwiderte: „Ich bin es. Ihr aber werdet den Menschensohn sehen, wie er zur Rechten des Vaters sitzt und auf den Wolken des Himmels kommt.“ Da zerriß der Hohepriester seine Kleider und rief: „Habt ihr das gehört? Was brauchen wir noch Zeugen?“ Und alle meinten, Jesus sei des Todes schuldig, weil er Gott gelästert habe. Einige fingen an, ihm ins Gesicht zu spucken und ihn zu schlagen, andere sagten höhnisch zu ihm: „Weissage!“ Und die Knechte packten ihn und schlugen ihn noch mehr. Schließlich brachten sie ihn in die Burg des Vertreters der römischen Besatzungsmacht. Der hieß Pilatus. Dieser fragte die Männer, welche Jesus zu ihm gebracht hatten: „Was habt ihr gegen diesen Menschen vorzubringen?“ Sie antworteten ihm: „Wenn er nicht ein Verbrecher wäre, hätten wir ihn nicht hierhergebracht.“ Pilatus sagte: „Nehmt ihn und richtet ihn nach eurem eigenen Gesetz.“ Sie antworteten ihm: „Du weißt ganz genau, daß wir ohne deine Erlaubnis niemanden hinrichten dürfen.“

Da fragte Pilatus den Gefangenen: „Bist du der König der Juden?" Jesus erwiderte: „Sagst du das aus dir selbst, oder haben es dir andere gesagt?" Pilatus antwortete: „Bin ich denn ein Jude? Dein Volk und die Hohenpriester haben dich mir übergeben. Sage mir, was hast du getan?" Jesus gab ihm zur Antwort: „Mein Königreich ist nicht von dieser Welt. Wäre es nämlich von dieser Welt, dann hätten meine Soldaten es verhindert, daß ich dem Hohen Rat ausgeliefert wurde." Da sagte Pilatus: „Du bist also ein König?" Jesus antwortete ihm: „Ja, ich bin ein König. Ich bin dazu in die Welt gekommen, um für die Wahrheit Zeugnis abzulegen. Jeder, der aus der Wahrheit ist, hört auf meine Stimme." Pilatus sagte: „Was ist Wahrheit?"
Hierauf ging er wieder hinaus und sagte zu den Juden: „Ich finde keine Schuld an ihm. Nun ist es aber Brauch, daß ich euch zum Osterfest einen Angeklagten freigebe. Soll ich euch nun euren König freigeben?" Da schrie die Menge: „Nicht den! Gib uns lieber den Barrabas heraus!" Barrabas aber war ein Räuber. Da befahl Pilatus, sie sollten Jesus geißeln. Die Soldaten flochten einen Kranz aus Dornen und setzten ihn auf sein Haupt. Andere legten ihm einen roten Mantel um die Schultern und spotteten: „Sei gegrüßt, König der Juden." Und sie schlugen ihn ins Gesicht. Pilatus sagte: „Ich glaube, er ist unschuldig. Tut mit ihm, was ihr wollt. Doch zum Zeichen, daß ich keine Schuld an seinem Tod habe, wasche ich mir jetzt die Hände."

Es ist vollbracht

Dann übergab er ihnen Jesus zur Kreuzigung. Sie luden ihm ein schweres Holzkreuz auf die Schultern, das mußte er durch die Straßen Jerusalems und weiter hinauf zu einem Platz tragen, der Golgotha hieß, das ist: Schädelstätte. Hier wurden die Verbrecher hingerichtet. Die Soldaten rammten das Kreuz in die Erde, nachdem sie Jesus daran festgenagelt hatten. Mit ihm kreuzigten sie noch zwei Straßenräuber, Jesus aber hing in der Mitte. Pilatus hatte eine Aufschrift an dem Kreuz anbringen lassen, darauf standen die Worte: „Jesus von Nazareth, König der Juden." Das gefiel den Hohenpriestern nicht, und sie gingen zu Pilatus und sagten: „Schreibe nicht: König der Juden, sondern: Er hat gesagt: Ich bin der König der Juden." Pilatus antwortete: „Was ich geschrieben habe, bleibt geschrieben."
Bei dem Kreuz standen die Mutter Jesu, deren Schwester Maria und Maria Magdalena. Als Jesus nun an ihrer Seite den Johannes erblickte, den er so sehr liebte, sprach er zu seiner Mutter: „Frau, siehe, dieser ist nun dein Sohn." Und zu dem Jünger sagte er: „Diese ist nun deine Mutter." Von dieser Stunde an nahm der Jünger die Mutter Jesu zu sich.
Hierauf sagte Jesus: „Ich habe Durst." Nun stand in der Nähe ein Gefäß mit Essig. Da hinein tauchten die Knechte einen Schwamm und hielten ihn Jesus vor den Mund. Als er den Essig genommen hatte, sprach er: „Es ist vollbracht", neigte sein Haupt und starb.
Da nun die Leichen nicht über den Sabbat am Kreuz hängen sollten, baten die Juden den Pilatus, er möge den Gekreuzigten die Beine zerschlagen und die Leichname fortschaffen lassen. So kamen die Soldaten und zerschlugen den beiden Straßenräubern die Beine. Als sie aber zu Jesus kamen und sahen, daß er schon tot war, zerschlugen sie ihm die Beine nicht, sondern einer der Soldaten stach mit seiner Lanze in seine Seite, und sogleich kam Blut und Wasser hervor.
Unter denen, die Jesus liebten, dies aber aus Furcht vor den Pharisäern nicht öffentlich zeigten, war ein Mann mit Namen Joseph. Er stammte aus Arimathäa. Der ging zu Pilatus und fragte ihn: „Darf ich den toten Jesus vom Kreuz abnehmen und begraben?" Pilatus erlaubte es ihm, und so nahmen sie Jesus vom Kreuz, wickelten ihn nach der Sitte des Landes in Tücher und legten ihn nahe dem Kreuzigungsort in ein Grab, in das noch niemand gelegt worden war.

Jesus ist von den Toten auferstanden

Am Ostermorgen gingen die Frauen, die unter dem Kreuz gestanden hatten, in aller Frühe zu dem Grab hinaus. Da entstand mit einemmal ein schweres Erdbeben, und ein Bote Gottes wälzte den Stein vom Grab hinweg und setzte sich darauf. Die Frauen meinten, sie sähen einen Blitz, und das Gewand des Boten war weiß wie Schnee. Die Soldaten, welche bei dem Grab Wache gehalten hatten, lagen wie betäubt am Boden. Der Bote sprach zu den Frauen: „Fürchtet euch nicht. Ich weiß, ihr seid gekommen, um nach Jesus, dem Gekreuzigten, zu schauen. Er ist nicht mehr hier. Er ist auferstanden, wie er selber es vorausgesagt hat. Kommt und seht den Platz, wo er gelegen hat. Lauft und berichtet seinen Jüngern, daß er von den Toten aufgestanden ist. Er geht euch voran nach Galiläa. Dort werdet ihr ihn sehen." Da liefen die Frauen voller Furcht, aber zugleich auch voller Freude in die Stadt zurück, um seinen Jüngern zu melden, was geschehen war.
Hierauf eilten Petrus und Johannes vor die Stadt, um in das Grab zu schauen. Das letzte Stück liefen sie, so schnell sie konnten. Johannes war als erster am Grab. Er beugte sich hinein und sah die Leinenbinden auf dem Boden liegen. Inzwischen war auch Petrus angekommen. Er ging sofort in das Grab hinein und stellte fest, daß das Schweißtuch, welches sie Jesus um den Kopf gewickelt hatten, nicht bei den Leinenbinden lag. Sie fanden es säuberlich zusammengefaltet an einer anderen Stelle. Noch immer konnten sie es nicht fassen, denn sie hatten das Wort der Schrift noch nicht ganz begriffen, das da sagt, daß Jesus Christus nach drei Tagen glorreich von den Toten auferstehen werde. Schließlich ging auch Johannes in das Grab hinein, sah klar und deutlich, daß es leer war, und glaubte, daß Jesus wieder lebendig war. Dann kehrten die beiden Jünger wieder heim.

Welche Bedeutung die Auferstehung Jesu für unseren Glauben hat, erklärt der heilige Paulus in seinem ersten Brief an die Korinther. In Korinth hatten einige behauptet, es gebe keine Auferstehung der Toten. Paulus sagt dazu: „Wenn es keine Auferstehung der Toten gibt, dann ist auch Christus nicht auferstanden. Ist aber Christus nicht aus dem Grab gestiegen, dann ist unsere Predigt vergeblich, und vergeblich ist euer ganzer Glaube. Wurde er nicht auferweckt, dann seid ihr noch in euren Sünden, und dann sind auch die, welche in Christus entschlafen sind, verloren. Wäre Christus nicht auferstanden, der ja unsere ganze Hoffnung ist, dann wären wir ärmer als alle Menschen. Nun ist Christus aber von den Toten auferweckt worden, und weil er auferstanden ist, haben wir alle das Leben."

Jesus erscheint der Maria Magdalena

Die Auferstehung Jesu Christi bedeutet nicht so sehr seine Rückkehr in das irdische Leben: Jesus will nicht mehr predigend und Wunder wirkend durch die Dörfer ziehen. Deshalb zeigt er sich nach seiner Auferstehung unauffällig nur noch denen, die ihn kennen und an ihn glauben. Im Evangelium des heiligen Johannes lesen wir noch folgende Begebenheit am Ostermorgen: Maria Magdalena hatte sich weinend in das Grab gebeugt und darin zwei Boten Gottes sitzen sehen. Die sprachen zu ihr: „Frau, warum weinst du?" Sie antwortete: „Weil sie meinen Herrn fortgetragen haben, und ich weiß nicht, wohin." Während sie dies sagte, drehte sie sich um und erblickte einen Mann, der fragte sie: „Frau, was weinst du? Wen suchst du?" Maria Magdalena glaubte, sie spräche mit dem Gärtner, deshalb fuhr sie fort: „Wenn du ihn weggetragen hast, dann sage mir, wo ich ihn finden kann." Der Mann sprach zu ihr: „Maria!" Da erkannte sie, daß es Jesus war, und sie sagte: „Mein Herr!" Jesus sprach zu ihr: „Fasse mich nicht an, denn noch bin ich nicht hinaufgefahren zu meinem Vater und eurem Vater, zu meinem Gott und eurem Gott. Geh und sage meinen Brüdern, daß ich zum Vater gehen werde." Schnell lief Maria Magdalena in die Stadt und berichtete den Jüngern, daß sie den Herrn gesehen habe und daß er auffahren werde zum Vater.

Zwei Jünger gehen enttäuscht nach Emmaus

Am selben Tag waren zwei von Jesu Jüngern auf dem Weg nach Emmaus, einem Dorf in der Nähe von Jerusalem. Sie sprachen über das, was in den letzten Tagen mit Jesus geschehen war. Plötzlich war Jesus an ihrer Seite, aber sie erkannten ihn nicht. Jesus fragte sie: „Wovon sprecht ihr?" Die Jünger erwiderten: „Bist du denn der einzige in Jerusalem, der nicht weiß, was sich dort zugetragen hat?" Jesus fragte: „Was denn?" Die Jünger antworteten: „Da war ein Prophet mit Namen Jesus, der kam aus Nazareth, und er hat viel Wunderbares gesprochen und getan. Diesen Jesus nun haben unsere Hohenpriester und Ratsherren gefangengenommen und ans Kreuz geschlagen. Wir hatten gehofft, er würde Israel befreien. Doch seit der Kreuzigung sind nun schon drei Tage vergangen. Einige Frauen, die in der Frühe an Jesu Grab waren, kamen zwar ganz aufgeregt zurück und sagten, sie hätten seinen Leichnam nicht gefunden, ein Bote Gottes aber habe ihnen versichert, Jesus lebe. Ein paar Jünger liefen darauf zum Grab und fanden es gleichfalls leer. Jesus selbst haben sie nicht gesehen."
Da sagte Jesus zu ihnen: „Was seid ihr doch schwerfällig in euren Herzen! Mußte Jesus denn nicht all das leiden, damit er von den Toten auferstehen konnte?" Und er erinnerte sie an alle die Voraussagen, die in den Büchern der Propheten stehen. Als sie sich Emmaus näherten, sprachen die Jünger zu Jesus: „Bleibe bei uns, denn es wird schon dunkel." Da ging er mit ihnen, um zu Abend zu essen. Er nahm das Brot, segnete es, brach es und gab es ihnen. In diesem Augenblick erkannten sie ihn, aber schon war er aus ihrer Mitte verschwunden.
Einer sagte zum anderen: „Brannte nicht unser Herz, als er uns auf dem Weg die Schrift erklärte?" Sofort kehrten sie nach Jerusalem zurück. Dort kamen ihnen die anderen Jünger schon mit der Nachricht entgegengelaufen: „Der Herr ist wirklich auferstanden und dem Petrus erschienen." Da erzählten auch die beiden, was sich auf dem Weg nach Emmaus zugetragen hatte, und sie sagten: „Am Brotbrechen haben wir ihn erkannt."

Warten auf den Heiligen Geist

Vierzig Tage hindurch erschien Jesus seinen Jüngern und sprach ihnen von dem wahren Gottesreich. Er sagte zu ihnen: „Geht nicht weit weg von Jerusalem, sondern wartet auf die Verheißung des Vaters, die ich euch vorausgesagt habe. Johannes hat am Jordan mit Wasser getauft, ihr aber werdet in wenigen Tagen mit dem Heiligen Geist getauft werden." Da fragten ihn die Jünger: „Herr, willst du dann das Königtum in Israel wieder aufrichten?" Jesus erwiderte ihnen: „Es steht euch nicht zu, den Tag und die Stunde zu wissen, die der allmächtige Vater festgesetzt hat. Aber der Heilige Geist wird auf euch herabkommen und euch Kraft geben, und ihr werdet meine Zeugen sein, nicht nur in Palästina, sondern in der ganzen Welt."
Nach diesen Worten wurde Jesus emporgehoben, und eine Wolke hüllte ihn ein. Während die Jünger ihm noch nachblickten, standen plötzlich zwei Männer in weißen Gewändern an ihrer Seite und sprachen: „Ihr Männer von Galiläa, was steht ihr da und schaut zum Himmel? So wie Jesus zum Vater zurückgekehrt ist, wird er wiederkommen." Hierauf gingen die Jünger nach Jerusalem zurück und blieben in dem kleinen Saal, in dem sie sich während der letzten Tage aufgehalten hatten. Zusammen mit der Mutter Jesu erwarteten sie in gemeinsamem Gebet die Herabkunft des Heiligen Geistes.

Am Pfingstfest, als sie wieder in dem kleinen Saal zusammen waren, da hörten sie plötzlich ein Brausen wie von einem gewaltigen Sturm, und sie erkannten über sich Zungen wie von Feuer, und auf einen jeden von ihnen senkte sich eine feurige Zunge herab. Da wurden sie plötzlich vom Heiligen Geist erfüllt, und sie liefen auf die Straße hinaus und verkündigten die Wundertaten Gottes. Zu dieser Zeit hielten sich viele fromme Menschen aus fernen Ländern in Jerusalem auf: Araber, Ägypter, Römer, Syrer und viele andere mehr. Sie alle verstanden, was die Jünger von Jesus Christus berichteten. Einige waren erstaunt und fragten: „Was sind die Jünger Jesu plötzlich so mutig geworden?“
Andere spotteten und sagten: „Vielleicht haben sie zuviel getrunken.“
Da trat Petrus vor die Menge und sprach: „Wir sind nicht betrunken, sondern es ist geschehen, was der Prophet Joel geweissagt hat: ‚So spricht Gott: Ich werde meinen Geist ausgießen über alle Menschen, und jeder, der den Namen des Herrn anruft, wird gerettet werden.‘ Alle, die ihr hier versammelt seid, hört mich an: Durch Jesus von Nazareth hat Gott Wunder getan im ganzen Land. Diesen Jesus nun habt ihr ans Kreuz geschlagen und getötet. Aber der Tod konnte ihn nicht behalten. Gott hat ihn auferweckt. König David hat die Auferstehung Jesu vorausgesehen mit den Worten: Ich werde ruhig im Grab liegen, denn du, Herr, gibst meiner Seele ewiges Leben.“
Und Petrus fuhr fort in seiner ersten großen Predigt: „Diesen Jesus nun hat Gott auferweckt, und wir haben den Auferstandenen mit eigenen Augen gesehen. Nachdem er zum Vater hinaufgefahren ist, hat er den Heiligen Geist über uns alle ausgegossen, wie ihr selber seht und hört.“

Die Leute waren betroffen von den Worten des Petrus, und sie fragten: „Was sollen wir tun?" Petrus erwiderte ihnen: „Ändert euren Sinn, bekehrt euch und laßt euch taufen im Namen Jesu, damit eure Sünden vergeben werden. So werdet ihr die Gaben des Heiligen Geistes empfangen. Für euch ist die Gnade und für viele, die fern von hier wohnen." Auf das Wort des Petrus hin ließen sich an diesem Tag an die dreitausend Menschen taufen.
Am Pfingstfest wird die Kirche geboren, und noch am selben Tag beginnt sie zu wachsen. Zugleich wird an diesem Tag deutlich, daß Gott die Kirche nicht auf ein einziges Volk und ein einziges Land beschränken möchte. Alle Menschen sollen Gotteskinder werden. Deshalb gibt der Heilige Geist den Jüngern die Kraft, so zu sprechen, daß Menschen aus vielen Ländern sie verstehen und auch angerührt werden vom Wort Gottes.
Die meisten Jünger bleiben nicht in Jerusalem. Sie ziehen hinaus in alle Welt und verkünden die frohe Botschaft Jesu Christi. Nicht überall nimmt man sie freundlich auf, und einige von ihnen werden getötet. Aber sie nehmen alle Leiden geduldig auf sich, denn der Heilige Geist ist bei ihnen mit seiner Kraft.

Aus Petrus spricht der Heilige Geist

Jene, die sich hatten taufen lassen, bildeten die erste christliche Gemeinde. Sie hielten sich an das, was die Jünger ihnen von Jesus sagten, und sie trafen sich, um gemeinsam das Brot zu brechen und zu beten. Alles, was sie besaßen, verkauften sie. Das Geld, das sie dafür bekamen, gehörte allen gemeinsam, und wenn einer in Not war, nahm er von diesem Geld so viel, wie er für den Augenblick brauchte. Sie lobten Gott und waren angesehen in ganz Jerusalem. Täglich kamen neue Gläubige hinzu, und so wuchs die Kirche Christi allmählich über die Stadtmauern von Jerusalem hinaus und weiter in die Welt.

Zur Stunde des Gebets gingen Petrus und Johannes hinauf in den Tempel. Da brachte man einen Mann, der war von Geburt an lahm. Man setzte ihn jeden Morgen an das Tor des Tempels, dort sollte er die Beter um eine Gabe bitten. Als der Gelähmte nun Petrus und Johannes in den Tempel kommen sah, bat er auch sie um eine kleine Gabe. Petrus sagte zu ihm: „Sieh uns an!" Da hob der Gelähmte seine Augen in der Hoffnung, die beiden würden ihm ein Geldstück geben. Petrus aber sprach: „Gold und Silber habe ich nicht, doch was ich besitze, sollst du haben. Im Namen Jesu Christi, des Nazareners, steh auf und geh nach Hause." Und er faßte den Gelähmten bei der rechten Hand und zog ihn hoch, und plötzlich konnte dieser sich bewegen und gehen wie die anderen Menschen auch. Voller Freude lief er vor Petrus und Johannes her, trat mit ihnen in den Tempel und lobte Gott mit lauter Stimme.

Petrus sprach zu der Menge: „Was wundert ihr euch darüber, daß dieser wieder gehen kann? Was schaut ihr auf uns, so als hätten wir ihn gesund gemacht? Der Gott Abrahams, Isaaks und Jakobs, der Gott unserer Väter hat seinen Sohn Jesus verherrlicht. Der Glaube, den wir durch Jesus Christus empfangen haben, hat diesen Mann gesund gemacht. Tut Gutes, dann werdet ihr den wahren Frieden haben. Moses hat zu euren Vätern gesprochen: Der Herr, euer Gott, wird euch aus euren Brüdern einen Propheten wie mich erwecken, den sollt ihr hören, und ihr sollt alles tun, was er euch sagt. Und alle Propheten, von Samuel angefangen, haben den Tag vorausgesagt, an dem Gott seinen eigenen Sohn senden würde, um die Menschen frei zu machen von der Last der Sünde. Ihr habt den Heiland gesehen und ihn ans Kreuz geschlagen, aber ihr habt es aus Unwissenheit getan, genauso wie die Hohenpriester und Ratsherren. Dies sollte so sein, damit in Erfüllung ginge, was alle Propheten vorausgesagt haben, daß nämlich der Heiland leiden müsse."

In den Tagen nach dem Pfingstfest geschahen noch viele andere Zeichen und Wunder, und so sahen die Leute, daß Gott den Jüngern half, sein Wort zu verkünden.

Stephanus stirbt für seinen Glauben an Christus

Bald konnten die Jünger Geld und Speisen nicht mehr allein verteilen, denn die christliche Gemeinde wurde immer größer. Deshalb suchten sie sieben Männer aus, die sollten alles gerecht verteilen. Diese Männer sollten weise und fromm sein. Einer von ihnen hieß Stephanus. Die Gnade Gottes war mit ihm, und er tat viele Wunder und Zeichen.
Da wurden einige Juden neidisch auf Stephanus, aber sie wußten nicht, wie sie ihn zu Fall bringen konnten. Deshalb hetzten sie das Volk gegen ihn auf und stifteten Männer an, sie sollten sagen, Stephanus habe Moses und Gott gelästert.
Da hielt Stephanus eine lange Rede. Er erinnerte noch einmal an die Mühe, die sich Gott mit dem auserwählten Volk gemacht hatte, und er schloß mit den Worten: „Ihr Halsstarrigen! Immer seid ihr gegen den Heiligen Geist, und wenn er spricht, dann stopft ihr euch die Ohren zu wie eure Väter. Die haben alle getötet, welche die Ankunft des Gerechten angekündigt haben, und als der Heiland endlich da war, hattet ihr nichts Besseres zu tun, als ihn sogleich zu verraten und umzubringen. Boten Gottes haben geholfen, daß ihr das Gesetz empfangen konntet. Empfangen habt ihr es, doch niemand von euch denkt daran, es zu befolgen."
Als seine Feinde dies hörten, wurden sie zornig. Stephanus aber wurde vom Heiligen Geist erfüllt. Er schaute zum Himmel auf, erblickte die Herrlichkeit Gottes und Jesus zur Rechten des Herrn und rief: „Ich sehe den Himmel offen und den Menschensohn zur Rechten Gottes stehen." Die um ihn herum standen, hielten sich die Ohren zu und stürzten sich auf ihn. Sie stießen ihn vor sich her zur Stadt hinaus, hoben Steine auf und warfen sie gegen seine Brust und seinen Kopf. Stephanus betete: „Herr Jesus, nimm meinen Geist auf!" Als er in die Knie sank, rief er mit letzter Kraft: „Rechne ihnen dieses nicht als Sünde an!" Hierauf starb er.
Noch an demselben Tag standen die Feinde der Kirche gegen die Christen auf, und diese flüchteten nach Judäa und Samaria. Nur die Jünger blieben in Jerusalem zurück. Ihre Feinde glaubten, mit der Kirche Christi sei es nun zu Ende, doch sie irrten sich. Die Flüchtigen zogen überall im Land umher und verkündigten die frohe Botschaft Jesu Christi. Auch hatten die Leute gehört, daß Stephanus für seinen Glauben mutig in den Tod gegangen war, und sie sagten sich: Wenn einer sein Leben für Jesus Christus und seine Botschaft hingibt, dann müssen dieser Jesus Christus und sein Wort etwas Großes sein. Und viele ließen sich taufen. Das Beispiel des Stephanus gab ihnen Mut, Christen zu werden und gute Christen zu sein.

Mit Jesus werden wir begraben, mit Jesus werden wir auferstehen

Christus hat den Tod besiegt, aber nicht nur für sich selber. Weil er von den Toten auferstanden ist, hat er allen Menschen die Hoffnung auf ein Leben nach dem Tod gegeben.
Niemand hat diese Verbindung von Jesu Tod und Auferstehung mit dem Leben der Menschen deutlicher gesehen als der heilige Paulus. In immer neuen Bildern verknüpft er die Person Jesu mit dem einzelnen Menschen, und er sagt deutlich: Was Jesus geschehen ist, das wird auch mit uns geschehen.
Der heilige Paulus sagt: Ich will euch das am Beispiel der Taufe erklären. Damals taufte man die Leute, indem man sie ganz untertauchte. Dieses Untertauchen ist wie das Begrabenwerden. Aber die Leute bleiben ja nicht unten im Wasser. Man zieht sie wieder hoch, sie atmen frische Luft.
Wie Christus müssen wir leiden und sterben, wie Christus werden wir begraben. Aber das ist nicht das Ende. Wie Christus von den Toten auferstanden ist, so werden auch wir zu einem neuen Leben mit ihm auferstehen.

Als Stephanus gesteinigt wird, legen die Mörder ihre Gewänder zu Füßen eines Mannes nieder, der Saulus heißt. Dieser ist kein anderer als der Mann, welcher später Paulus heißen und einer der eifrigsten Verkünder der Frohbotschaft Jesu Christi sein wird. Schon bei der Ermordung des Stephanus hat er gesehen, daß der, welcher im Namen Jesu die Wahrheit sagt und das Rechte tut, Verfolgung leiden muß und oft sogar den Tod. Wer Christus nachfolgen will, der muß sein Kreuz auf seine Schultern nehmen und es bis zum Ende tragen. Paulus selber hat dies getan. Er hat aber auf seinem Leidensweg nie die Freude und die Hoffnung verloren, denn er weiß, daß er viel leiden muß, um die Herrlichkeit Gottes zu schauen. Leiden und Tod sind nicht das Ende, sondern der Anfang einer großen Freude, die uns niemand mehr rauben kann. So ermahnt er besonders in seinem Brief an die Römer die Gläubigen, stets an dieser Hoffnung festzuhalten. Er sagt: Wenn wir uns umschauen, dann sehen wir, daß alle Geschöpfe leiden müssen. Aber die Herrlichkeit Gottes, die wir einmal schauen dürfen, ist unendlich viel größer als die Leiden dieser Welt. Leiden müssen wir nur eine kurze Zeit, aber die Herrlichkeit Gottes dauert ewig. Die Kraft, die uns die Leiden dieser Welt tragen hilft, ist die Hoffnung. Da Gott seinen eigenen Sohn für uns dahingegeben hat, dürfen wir sicher sein, daß er uns liebt und uns nicht allein läßt.

Die Hoffnung nähren wir durch das Gebet. Aber oft beten wir nicht richtig. Wir bitten darum, daß uns ein kleines Leiden abgenommen wird, und denken nicht daran, daß Gott uns Leiden schickt, um uns zu prüfen. So wissen wir also nicht, wie und worum wir beten sollen. Doch dann kommt der Heilige Geist uns zu Hilfe und sagt uns, wie wir beten sollen und was wir erbitten dürfen. Der Heilige Geist weiß, was für uns gut ist, und er bringt uns dazu, das zu wollen, was auch der Wille Gottes ist.

Philippus verkündet die Frohbotschaft auf einem Pferdewagen

Unter den Jüngern Christi war einer, der hieß Philippus. Er zog in Samaria von Dorf zu Dorf und predigte die frohe Botschaft Jesu Christi, und viele ließen sich taufen. Eines Tages nun erschien ihm ein Bote Gottes und sprach: „Steh auf und geh nach Süden, bis du auf die Straße kommst, die von Jerusalem nach Gaza führt. Du weißt, die Straße wird nur von wenigen befahren."
Philippus stellte keine Fragen, sondern machte sich sogleich auf den Weg nach Süden und wartete am Straßenrand. Da kam ein Mann aus Äthiopien in seinem Wagen gefahren, der war ein hoher Beamter am Hof der Kandake, der Königin der Äthiopier. Er war nach Jerusalem gekommen, um den Herrn im Tempel anzubeten. Nun war er auf dem Heimweg und las auf seinem Wagen in dem Buch des Propheten Jesaja. Der Geist des Herrn kam über Philippus und sprach zu ihm: „Gehe an diesen Wagen heran!"

Philippus lief hinter dem Wagen her und fragte den Mann: „Glaubst du, daß du auch alles verstehst, was du da liest?" Der Mann antwortete: „Wie könnte ich alles verstehen, wenn niemand kommt und mir die Worte des Jesaja erklärt?" Und er bat den Philippus, zu ihm auf den Wagen zu steigen und sich an seine Seite zu setzen. Er las aber gerade folgende Stelle: „Wie ein Lamm wird er zur Schlachtbank geführt, und wie ein Lamm, das man scheren will, den Mund nicht auftut, so schweigt auch er." Da fragte der Beamte den Philippus: „Von wem sagt Jesaja das? Von sich selber oder von einem anderen?" Da verkündigte ihm Philippus die frohe Botschaft Jesu Christi.

Als sie so ein gutes Stück weitergefahren waren, kamen sie an ein Wasser, und der Beamte sprach: „Sieh, da ist Wasser! Warum sollte ich mich nicht auf der Stelle taufen lassen?" Philippus erwiderte ihm: „Wenn du glaubst aus deinem ganzen Herzen, kann es geschehen." Da sprach der Beamte: „Ich glaube, daß Jesus Christus der Sohn Gottes ist." Und er hielt den Wagen an, und er und Philippus stiegen hinab zu dem Wasser, und der Apostel taufte ihn. Als sie nun wieder aus dem Wasser heraufstiegen, da hob der Geist des Herrn den Philippus hinweg, und der Beamte sah ihn nicht mehr. Aber er war voller Freude, stieg auf seinen Wagen und fuhr weiter nach Süden seiner Heimat entgegen.

Das ist die rechte Art, das Evangelium zu verkünden. Der Mann aus Äthiopien hat Hunger und Durst nach der Wahrheit. Philippus wartet nun nicht, bis der Beamte zu ihm kommt. Nein, er läuft ihm nach, steigt auf seinen Wagen, unterhält sich lange mit ihm, drängt ihn nicht, sich taufen zu lassen, nein, wartet, bis der Beamte aus freiem Entschluß sagt: Taufe mich unten in dem Wasser.

Die Kirche Jesu ist eine Kirche der Armen

Auch der heilige Jakobus hat uns einen Brief hinterlassen. Darin ermahnt er die Gläubigen vor allem, niemals zu vergessen, daß Jesus Christus ein Freund der Armen und Notleidenden gewesen ist. So schreibt der heilige Jakobus: „Schaut nicht auf das Äußere der Person! Wenn in eure Versammlung ein Mann kommt, der prächtige Kleider und goldene Ringe trägt, und es kommt zugleich ein Armer in dürftiger Kleidung und ihr sagt zu dem Reichen: ‚Setze dich hier auf den guten Platz!', zu dem Armen aber sagt ihr: ‚Bleib dort stehen oder hocke dich neben meinen Fußschemel!', seid ihr da nicht in einem schlimmen Irrtum befangen, und urteilt ihr da nicht falsch? Hat Gott denn nicht die, welche vor der Welt als Arme dastehen, zu Reichen gemacht, weil sie glauben, und ihnen das Reich gegeben, das denen gehört, welche Gott aus ihrem ganzen Herzen lieben? Ihr aber habt den Armen entehrt. Sind es nicht im übrigen die Reichen, die euch drücken mit allerlei Gewalt und euch vor den Richter schleppen? Wenn ihr euch an das königliche Gebot haltet, das da spricht: ‚Du sollst deinen Nächsten lieben wie dich selbst!', so handelt ihr recht."

Nachdem der heilige Jakobus die Gläubigen ermahnt hat, nicht auf das Geld, das einer hat, sondern nur auf das Herz zu schauen, wendet er sich an die, welche reich sind. Jakobus verurteilt nicht den Besitz, er verurteilt nur den falschen Gebrauch, den viele Reiche von ihrem Geld machen. So heißt es in seinem Brief: „Und nun zu euch, ihr Reichen! Weint und heult über euer Elend, das über euch kommen wird. Euer Reichtum verfault, eure Kleider zerfressen die Motten, und der Rost auf eurem Gold und eurem Silber wird euch anklagen am Tag des Gerichts! Den Arbeitern, die auf euren Feldern gearbeitet haben, ihnen habt ihr den gerechten Lohn nicht ausbezahlt, und die Klagerufe dieser Arbeiter sind zu den Ohren des Herrn gekommen. Ihr habt auf Erden gepraßt, habt mehr gegessen und getrunken, als nötig war, habt eure Gier gesättigt. Ihr habt eure Macht mißbraucht und den Gerechten verurteilt und ermordet, und er konnte sich nicht gegen eure Willkür wehren. Aber ihr werdet sehen, was ihr davon habt."
Jakobus vergißt in seinem Brief auch die Kranken nicht. Er sagt: „Die Priester sollen die Kranken mit Öl salben und mit ihnen beten, damit der Herr ihnen Kraft gibt und sie von ihren Sünden erlöst."

Jesus fordert von uns das gute Beispiel

Die Kirche Jesu Christi kann sich in äußeren Formen wandeln, aber der Geist der Kirche ändert sich nicht.
Schon in frühester Zeit gaben die Bischöfe die unveränderliche und unteilbare Kraft, die allein von Gott kommt, durch Handauflegen an die jungen Priester weiter. So geht derselbe Gnadenstrom durch die Jahrhunderte hindurch, und durch ihn sind wir immer mit dem lebendigen Ursprung verbunden.
Aber diese Kraft ist ohne jede Wirkung, wenn wir sie nicht in unseren Gedanken und Werken zum Ausdruck bringen. So ermahnt der heilige Paulus einen jungen Priester Timotheus in einem Brief: „Strebe immer danach, ein frommer Mann zu sein. Wer fromm ist, dem ist auch das künftige Leben sicher. Sei allezeit ein Vorbild in Wort und Werk, in der Liebe, im Glauben und in der Reinheit. Sorge dafür, daß du mit jedem Tag ein besserer Mensch wirst. Achte auf dich selbst und auf die Lehre Jesu Christi und halte dich stets daran. Wenn du so festhältst am Wort Christi, dann wirst du dich selber retten und die auch, welche auf dich hören."
Es ist auffallend, mit welcher Eindringlichkeit der heilige Paulus von dem Diener Gottes das gute Beispiel fordert. Denn es nützt nichts, den Namen Jesu Christi stets im Mund zu führen, aber dabei so zu leben, als habe Christus nie gelebt. So leben, wie Christus es uns vorgemacht hat – das, und nur das, heißt ein Christ sein.

Der heilige Paulus vergleicht die Kirche Jesu Christi mit dem Leib. Er ist das Haupt, wir sind die Glieder. Da Jesus Christus das Haupt ist, dürfen die Glieder in der Hoffnung leben.
Aber nicht alles an diesem geheimnisvollen Leib ist sichtbar. Wir sehen die Bischöfe und Priester, und wir sehen die Gläubigen. Aber die verborgenen Gnadenströme in den Herzen der Menschen sehen wir nicht, und wo der Leib der Kirche eigentlich aufhört, das kann auch niemand ganz genau sagen, denn der Geist Gottes weht, wo er will, und das ist gut so.
In diesem Leib hat jeder seinen Platz. Dafür hat der heilige Paulus ein schönes Bild gefunden. Im ersten Brief an die Korinther schreibt er: „Der Leib hat viele Glieder, und dennoch bilden sie einen einzigen Leib. So ist es auch mit der Kirche Jesu Christi. Durch seinen Geist sind wir alle zu einem Leib getauft, ob wir nun Juden oder Griechen sind, ob Knechte oder Freie. Und alle sind wir von dem einen Geist durchdrungen. Der Leib besteht nun nicht aus einem einzigen Glied, sondern aus vielen Gliedern. Wenn nun der Fuß sagen würde: ‚Weil ich nicht Hand bin, gehöre ich nicht zum Leib', so gehört er dennoch zum Leib. Und würde das Ohr sagen: ‚Weil ich nicht Auge bin, gehöre ich nicht zum Leib', so gehört es trotzdem zum Leib. Wenn der ganze Leib Auge wäre, wie könnte er dann hören? Und wenn er nur Ohr wäre, womit sollte er dann riechen? Wenn alles nur ein einziges Glied wäre, wo bliebe dann der Leib? Am Leib sind viele Glieder, aber es ist nur ein Leib.
Das Auge kann nicht zur Hand sagen: ‚Ich brauche dich nicht.' Und das Haupt kann nicht zu den Füßen sagen: ‚Ich brauche euch nicht.' Gerade die Glieder des Leibes, die geringer zu sein scheinen, sind oft die notwendigsten. Gott hat den Leib so zusammengefügt, daß alle Glieder in gleicher Weise füreinander sorgen. Wenn ein Glied des Leibes leidet, so leiden alle Glieder mit, und wenn einem Glied eine große Freude widerfährt, so freuen sich die anderen Glieder mit ihm."
Dann erklärt der heilige Paulus das Bild. Er sagt: „Es gibt verschiedene Gnadengaben, aber es ist derselbe Geist. Der eine hat die Kraft zu heilen, ein anderer kann viele Sprachen sprechen. Dies alles bewirkt ein und derselbe Geist, und er teilt einem jeden zu, was er will."
Aber Paulus weiß: Die Einsicht der Menschen, daß jeder von ihnen eine bestimmte Aufgabe hat, bringt noch nicht den Frieden. Deshalb schließt er seine Betrachtungen über den einen Leib und die vielen Glieder mit der Aufforderung, daß sich diese Glieder stets im Geist der Liebe zusammenfinden sollen. Für alle Glieder am geheimnisvollen Leib Jesu Christi gilt der Satz, in dem die ganze Botschaft Jesu Christi enthalten ist: „Liebe den Nächsten, denn er ist Mensch wie du!"

Das Wort Gottes ist lebendig

Jesus Christus ist in den Himmel aufgefahren, um uns den Weg zu bereiten in jenes unsichtbare Reich des Vaters. Aber er ist immer gegenwärtig unter uns: einmal durch sein Fleisch und Blut, das wir zu unserer Stärkung essen dürfen, zum anderen in seinem Wort. Immer, wenn wir im Neuen Testament lesen, hören wir sein Wort.

Was wir an diesem Wort haben, das lesen wir in dem Brief an die Hebräer: „Das Wort Gottes ist lebendig und wirksam, und es ist schärfer als jedes zweischneidige Schwert und dringt durch, bis daß es Seele und Geist, Mark und Knochen scheidet, und so ist das Wort ein Richter der Gedanken und Gesinnungen des Herzens."

Wir haben viele Fragen. Das Wort Gottes gibt uns darauf eine Antwort. Uns ist oft, als tappten wir im Dunkeln. Das Wort Gottes bringt Licht in dieses Dunkel, und es ist stark genug, auch noch den finstersten Winkel unseres Herzens zu erhellen.

Petrus und Paulus sterben für Christus

Nach seiner Auferstehung von den Toten erschien Jesus seinen Jüngern am See Tiberias. Dabei zeigte er auf einige Jünger und fragte den Simon Petrus: „Simon, Sohn des Johannes, liebst du mich mehr als diese?" Petrus antwortete: „Ja, Herr, du weißt, daß ich dich liebe." Da sprach Jesus zu ihm: „Weide meine Lämmer!" Wiederum fragte er ihn: „Simon, Sohn des Johannes, liebst du mich?" Und Petrus erwiderte: „Ja, Herr, du weißt, daß ich dich liebe." Und Jesus sprach zu ihm: „Weide meine Schafe." Noch ein drittesmal fragte er ihn: „Simon, Sohn des Johannes, liebst du mich?" Da wurde Petrus traurig, weil ihn Jesus zum drittenmal gefragt hatte, ob er ihn auch liebe, und er sagte: „Herr, du weißt alles – du weißt auch, daß ich dich liebe." Jesus sprach zu ihm: „Weide meine Schafe!" Dann fuhr er fort: „Als du noch jung warst, tatest du, was dir gefiel, und gingst, wohin du wolltest. Wenn du aber alt geworden bist, dann wird dich einer bei der Hand nehmen und dich führen, wohin du nicht willst."

Jesus macht Petrus zum Hirten der jungen Kirche, aber er deutet auch an, daß dieses Amt vom Hirten große Opfer verlangt, ja das größte Opfer überhaupt: das Leben. Jesus hat von sich selbst gesagt, daß er der gute Hirt ist, der sein Leben hingibt für seine Schafe. Auch Petrus wird dieses Opfer bringen. Die Feinde der Kirche wollen ihn kreuzigen wie Jesus. Doch Petrus will noch mehr leiden als sein Herr. Deshalb bittet er seine Peiniger, ihn mit dem Kopf nach unten zu kreuzigen. Auch der heilige Paulus muß seine Glaubenstreue mit dem Tod bezahlen.

Das Gottesreich ist unteilbar

Wenn wir heute in eine große Stadt kommen, so ist das nichts Besonderes mehr. In der Zeit aber, in der Jesus lebte und starb, schlug das Herz eines Juden höher, wenn er nach einem langen Fußmarsch oder einem beschwerlichen Ritt die Türme Jerusalems vor sich auftauchen sah, dann die Masse der Häuser und über allem die Zinnen des Tempels, der das Ziel ihrer Reise war. Dort thronte im Innern des Heiligtums auf einem goldenen Stuhl unsichtbar Gott der Herr. Jerusalem war für die frommen Juden eine heilige Stadt.

Nun kam Jesus Christus und verkündigte das Kommen eines neuen Reiches, des Gottesreiches. Die frühen Christen konnten sich kein rechtes Bild von diesem Gottesreich machen und sprachen deshalb von einem neuen Jerusalem. Sie hatten dabei nicht bedacht, daß dieses Gottesreich ganz anders ist als eine von Menschen erbaute Stadt. In der „Offenbarung", die während einer Christenverfolgung wahrscheinlich auf der Insel Patmos geschrieben wurde, sieht der prophetische Seher das Gottesreich so: Und ich sah einen neuen Himmel und eine neue Erde. Der erste Himmel und die erste Erde waren vergangen, und auch das Meer ist nicht mehr da. Und ich sah die heilige Stadt, das neue Jerusalem, herabsteigen von Gott aus dem Himmel, wie eine Braut, die für ihren Bräutigam geschmückt ist. Und ich hörte eine starke Stimme, die sprach vom Thron herab: „Seht das Haus Gottes bei den Menschen. Er wird bei ihnen wohnen, und sie werden sein Volk sein, und Gott selbst wird mitten unter ihnen sein. Und Gott wischt alle Tränen von ihren Augen ab, und der Tod hat keine Macht mehr, man hört nicht Trauer noch Klage, und niemand braucht mehr Schmerzen zu leiden, denn das Erste ist vergangen." Und der auf dem Thron saß, fuhr fort: „Siehe, ich mache alles neu! Ich bin der Anfang und das Ende. Dem Durstenden will ich aus der Quelle Wasser des Lebens zu trinken geben. Wer standhaft geblieben ist und treu, der soll dies alles bekommen, ich werde ihm Gott sein und ich will ihn halten wie meinen Sohn. Die Mutlosen aber, die Treulosen, die Unheiligen und Mörder, die Unzüchtigen und Zauberer, die Götzendiener und Lügner kommen in den See, der von Feuer und Schwefel brennt. Das ist der zweite Tod."

Hierauf versucht der Verfasser der „Offenbarung", der sich Johannes nennt, das neue Jerusalem zu beschreiben, das Gott für die guten Menschen bereitet hat. Auf den ersten Blick sieht es aus wie eine Stadt, so wie die Menschen sie damals bauten. Doch da sind einige Einzelheiten, wie man sie in keiner von Menschen erbauten Stadt entdecken kann. Zunächst ist das neue Jerusalem eine helle Stadt. Alles ist von Licht durchstrahlt, und es gibt keine finsteren Winkel.

Dann sagt Johannes deutlich, daß er keinen Tempel darin sah, denn der Tempel in dem himmlischen Jerusalem ist das Lamm, Jesus Christus, der sein Blut dahingegeben hat, damit die guten Menschen in dieses himmlische Jerusalem kommen konnten.
Die Völker wandeln in dem hellen Licht, das von dem Lamm ausgeht. Die Tore werden nie geschlossen, denn dort gibt es keine Nacht.
Nun werdet ihr fragen: „Wo ist denn dieses neue Jerusalem? Über den Wolken? Auf einem fernen Stern?" Nein, da ist es sicher nicht. Wenn wir sagen, Gott sei hoch im Himmel, so ist das nur ein Versuch, uns etwas als gegenständlich vorzustellen, was nur Geist ist. So geht es uns auch mit dem neuen Jerusalem.
Wir können sagen: Das Gottesreich, das neue Jerusalem, ist überall dort, wo der Glaube an Jesus Christus die Menschen dazu bringt, einander zu lieben. Wenn wir sterben, gehen wir aus einer Welt, in der es uns noch Mühe macht, alles aus Liebe zu tun, in eine andere, in der die Liebe so mühelos ist wie das Atmen. Wer aber hier auf der Erde Jesus nicht auf dem beschwerlichen Weg der Liebe gefolgt ist, der wird in der Welt, die nach dem Tod kommt, ohne Liebe leben müssen. So ist das Gottesreich genau besehen ein einziges unteilbares Reich. Sein Gesetz ist die Liebe. Da nun die Liebe im Herzen ihren Sitz hat, kann Jesus sagen: „Das Gottesreich ist mitten in euch." Und wir haben es, wenn wir die Liebe haben, in diesem Leben und auch in jenem, das nach dem Tode kommt.

Inhalt

Wie Paulus nach Troas kam (Apg 20,7–12) 6
Paulus wird ein Bote Christi (Apg 9,1–25) 8
Christus ist das Licht der Welt 10
Zwei Frauen sind überglücklich (Lk 1,26–56; Mt 1,18–25) 14
In einer Futterkrippe liegt der Herr der Welt (Lk 2,1–20) 16
Wie auch die Heiden erfuhren, daß Christus geboren war (Mt 2,1–12) . . 18
Was Simeon über Jesus sagte (Lk 2,21–40) 19
Wie Jesus einmal in Jerusalem zurückblieb (Lk 2,41–52) 21
Warum so viele Leute an den Jordan kamen (Lk 3,1–22; Mt 3) 22
Jesus sucht sich seine ersten Jünger aus (Jo 1,35–51) 24
Als sie keinen Wein mehr hatten (Jo 2,1–11; 4,14 ff.) 26
Jesus will kein Zauberer sein (Mk 1,35 ff.; Lk 5,1–11) 28
Jesus setzt sich mit Sündern an einen Tisch (Lk 5,17–32; Mt 9,1–13) 31
Für diese ist das Gottesreich (Lk 6,12–26; Mt 5,1–12) 32
Jesus lehrt uns, wie wir beten sollen (Mt 5,17–6,11) 34
Betrachtet die Vögel! (Mt 6,25–7,5; Lk 10,38–42; Jo 8,1–11) 36
Wer ist mein Nächster? (Lk 10,25–37) 38
So werden wir noch einmal geboren (Jo 3,1–21) 40
Jesus unterhält sich mit einer Frau am Brunnen (Jo 4,1–42) 41
Wenn einmal einer vom Weg abkommt (Lk 15) 42
Jesus verstößt die Sünder nicht (Lk 7,36 ff.) 44
Ein kleiner Mann sitzt hoch im Baum (Lk 19,1–10) 45
Jesus heilt eine kranke Frau (Mk 5,24–34) 46
Jesus erweckt einen Toten zum Leben (Lk 7,11–17) 47
Das Größte ist die Liebe (1 Kor 13) 48
Ein Sämann ging auf das Feld (Mt 13,1–30) 50
Das Wort Gottes ist wie ein Samenkorn (Lk 13,18–21; 9,57–62) 52
Die fleißigen und die faulen Knechte (Mt 25,14–30; Lk 13,6–9) 54
Jesus spricht über das Geld (Lk 12,13–21; Mt 6,19–34; Lk 16,19 ff.) 56
Niemand weiß, wann der Herr kommt (Mt 25,1–23; Lk 11,9–13) 58
Geht zu den verlorenen Schafen! (Mt 10) 60

Die neben Jesus sitzen wollen (Mk 10,32–45; Lk 22,24–30; Jo 13,1–19) . . 62
Was ein wahrer Christus vermag: Das Leben des Apostels Paulus
(2 Kor 11) 64
Das Brot, das Christus meint (Jo 6,1–31) 66
Ein großes Geheimnis: Jesus ist das Brot des Lebens (Jo 6,32 ff.) 68
Die Feier der Eucharistie hieß am Anfang Herrenmahl (1 Kor 11,17–34) . . 70
Der Heilige Geist ist wie der Finger Gottes (Lk 11,14–20; Jo 14) 72
Gott sieht nicht auf das Äußere (Lk 11,37 ff.; Lk 18,9–14; 6,1–11; 14,1–6) . 74
Für die Kleinen ist das Gottesreich
(Mk 10,11–16; Lk 10,21–24; Apg 17,16 ff.) 76
Manche sehen und sind dennoch blind (Jo 9) 78
Jesus kündigt sein Sterben und seine Auferstehung an
(Mk 12,1–12; 9,2–13) 80
Jesus ist gehorsam gewesen bis in den Tod (Phil 2,1–11) 82
Jesus besiegt den Tod (Jo 11,1–44) 85
Die eine hartnäckige Frage: Wie groß ist deine Liebe? (Mt 25,31–46) . . . 86
Der Herr der Welt reitet auf einem Esel in seine Stadt (Mt 21,1–11) 88
Die eingeladen sind, wollen nicht zur Hochzeit kommen
(Jo 2,13 ff.; Mt 24,37 f.; 22,1–14) 90
Tut dies zu meinem Gedächtnis (Lk 22,1–38) 92
Jesus ist der Weg, der sicher zum Vater führt (Jo 14; 16; Mt 21,28–32) . . . 94
Jesus wird gefangengenommen (Lk 22,39–62) 96
Pilatus sagt: Dieser Mann ist unschuldig (Mk 14,53–65; Jo 18–19) 98
Es ist vollbracht (Jo 19) 101
Jesus ist von den Toten auferstanden (Mt 28,1–8; Jo 20,1–10; 1 Kor 15) . . 102
Jesus erscheint der Maria Magdalena (Jo 20,11–18) 104
Zwei Jünger gehen enttäuscht nach Emmaus (Lk 24,13–35) 105
Warten auf den Heiligen Geist (Apg 1,1–14; 2,1–41) 106
Aus Petrus spricht der Heilige Geist (Apg 2,42–3,26) 109
Stephanus stirbt für seinen Glauben an Christus (Apg 6–7) 111
Mit Jesus werden wir begraben, mit Jesus werden wir auferstehen
(Röm 6 u. 8) 112
Philippus verkündet die Frohbotschaft auf einem Pferdewagen (Apg 8) . . 114
Die Kirche Jesu ist eine Kirche der Armen (Jak 2 u. 5) 116
Jesus fordert von uns das gute Beispiel (1 Tim 4; 1 Kor 12) 118
Das Wort Gottes ist lebendig (Hebr 4,11–13) 121
Petrus und Paulus sterben für Jesus Christus (Jo 21,15–19) 122
Das Gottesreich ist unteilbar (Offb 21) 123